Nüchtern auf einem alkoholisierten Planeten:

Ohne Alkohol leben

- Die unerwartete Abkürzung zu Glück, Gesundheit und finanzieller Freiheit

Von Sean Alexander

Übersetzung: Daniela Röse

An meine Mutter und meinen Vater
- Trotz all der Kotze, den nächtlichen Autofahrten,
Schulden bei Drogendealern und
dem betrunkenen Chaos, das ich angerichtet habe,
habt ihr mich immer geliebt und unterstützt.
Dieses Buch war nur möglich, weil ihr mich am Leben gehalten
und vor dem Gefängnis bewahrt habt!

Inhalt

Einleitung

Stell dir vor, wir würden Kindern beibringen, dass die Möglichkeit, Drogen zu nehmen, zu den aufregendsten Aspekten des Erwachsenwerdens gehört.

Stell dir vor, wir würden ihnen vermitteln, dass es normal ist, morgens nach einer durchzechten Nacht mit Kopfschmerzen, leerem Portemonnaie und vielleicht sogar mit Erbrochenem im Bett aufzuwachen.

Stell dir vor, wir würden ihnen erklären, dass Erwachsene, um einen „erwachsenen" Urlaub zu verbringen, eventuell mit Leuten schlafen, die sie nicht mögen, sich prügeln oder in einer Zelle aufwachen. Womöglich würden sie sich nicht mal mehr daran erinnern.

Keine Sorge, Kinder, das sind ganz normale „Begleiterscheinungen".

Das klingt verrückt, nicht wahr? Nun ja, es IST verrückt.

Und wir sprechen hier (noch) nicht über illegale Drogen. Ich spreche hier ausschließlich vom gesellschaftlich komplett akzeptierten Alkohol. Es ist die Droge, die Kinder und Jugendliche bei allen Erwachsenen sehen, von ihren Eltern bis zu ihren Lieblingsstars. Wir sprechen hier (noch) nicht über illegale Drogen. Wir reden nur über den sozial akzeptierten Alkohol. Er ist der Dreh- und Angelpunkt von Beerdigungen, Geburtstagen, Weihnachten, Feiertagen, Hochzeiten, Taufen, Scheidungen, schlimmen Trennungen, Dates, guten und schlechten Phasen auf der Arbeit, bei neuen Jobs, beim Verlassen eines alten Jobs, vor dem Fußballspiel, nach dem Spiel und wahrscheinlich auch währenddessen. Die Liste lässt sich endlos fortsetzen.

Wir leben auf einem alkoholisierten Planeten.

Alkohol ist überall präsent und das schon seit Jahrhunderten. Die Gesellschaft vermittelt uns, dass Champagner zum Feiern da ist, dass dein Urlaub eine akzeptable Gelegenheit ist, um aus riesigen Eimern Cocktails zu trinken, und dass ein Schlückchen Whiskey dem Kind beim Einschlafen hilft. Wir lernen, dass ein sogenanntes „Konterbier" oder „Gegentrinken" das beste Mittel gegen einen Kater ist. Und wenn du denkst, du hast schon alles gehört, taucht jemand auf, der behauptet, dass ein Glas Wein zu seinen gesunden „5 am Tag" gehört.

Wie ich schon sagte - VERRÜCKT.

Wenn Alkohol die magische, universelle Substanz wäre, für die wir sie durch gezielte Gehirnwäsche halten, warum gibt es dann in fast jeder Stadt Gruppen der Anonymen Alkoholiker? Warum wird Prominenten, die zu viel davon konsumieren, sofort der Respekt entzogen und sie werden beschämt? Und warum entscheiden sich heute fast 30 % der Jugendlichen, überhaupt nicht zu trinken? (The Guardian, 2018)

Auf diese Fragen gibt es viele Antworten.

In vielen Fällen entdecken Menschen – so wie ich –, dass der Verzicht auf Alkohol ihr Leben in völlig neue Bahnen lenken kann.

Sie entscheiden sich dafür, auf einem alkoholisierten Planeten nüchtern zu werden. Genug mit Kater, Scham und der sogenannten Hangxiety, die von Kopfschmerzen, Magenverstimmungen und Angstgefühlen geprägt ist, um hier nur einige der vielen Nebenwirkungen des Alkohols zu nennen. Diese Leute möchten das Leben mit allem, was es zu bieten hat, nüchtern erleben.

Dieser Weg ist aufregend, erfüllend und gesund – und immer mehr Menschen möchten ihn gehen. Mit den eigenen Emotionen richtig umzugehen, ohne Kater aufzuwachen und das Leben in vollen Zügen zu genießen, ist immer wieder ein Erlebnis.

Vor allem aber könnte der Verzicht auf Alkohol genau das sein, was dir endlich ermöglicht, in den Spiegel zu schauen und zu mögen, was du siehst.

***

Also, was hat dich hierher geführt?

Vielleicht hast du, wie „mein früheres Ich", ein äußerlich erfülltes und erfolgreiches Leben, fühlst dich aber innerlich leer.

Vielleicht hast du allmählich genug von dem ganzen „Work hard, play hard"-Konzept und kannst keinen Sinn mehr darin finden.

Lebst du für das Wochenende und verbringst dann die halbe Woche damit, dich davon zu erholen? Wahrscheinlich ist dir das gar nicht bewusst, aber es könnte sein, dass du mehr als 100 Tage im Jahr damit beschäftigt bist, die deprimierenden und nicht erstrebenswerten körperlichen „Nebenwirkungen" des Alkohols zu spüren. Stell dir vor, was du mit deinem Leben anfangen könntest, wenn deine Akkus an diesen Tagen voll aufgeladen wären!

Der Versuch, eine genaue Definition des Begriffs „Problem" zu finden, hat wenig Sinn. Es gibt viele verschiedene Gründe, warum Leute ihre Beziehung zum Alkohol verändern möchten. Immer wieder beteiligen sich Millionen von Menschen an Initiativen wie dem „Dry January", bei dem ab Silvester einen Monat lang komplett auf Alkohol verzichtet wird.

Auch die Anonymen Alkoholiker werden immer weniger anonym. Die Welt fängt an, nüchtern zu werden, und sogar Prominente sprechen offener über ihren Kampf mit dem Konsum von Alkohol oder anderen bewusstseinsverändernden Substanzen.

Vielleicht fragst du dich langsam, ob das abendliche Glas Wein zur „Beruhigung" wirklich eine gute Idee ist. Oder du möchtest endlich nicht mehr montagmorgens mit leerem Kopf und leerem Portemonnaie, in dem du nur noch ein paar verkorkste Kokainpäckchen findest, aufwachen.

Das hört sich erst einmal nach zwei unterschiedlichen Extremen an, allerdings liegen sie näher beieinander, als viele vermuten. Du denkst vielleicht: „Ach was, ich kriege keinen schlimmen Kater", oder „Drogen? Ich würde nie DROGEN nehmen!"

Nun, wie wir schon festgestellt haben, IST Alkohol eine Droge. Es ist sogar die Droge, die von vielen renommierten Wissenschaftlern als am schädlichsten gegenüber den anderen eingestuft wird (The Economist, 2019). Für viele ist Alkohol der Einstieg - sowohl in die Welt anderer Drogen als auch in die jahrelanger schlechter Entscheidungen.

Für andere verwandeln unerwartete Ereignisse und Veränderungen im Leben das „kontrollierte" Trinken schnell in Situationen, die im Gedanken „Das kann so nicht weitergehen" enden. Von erhöhtem Arbeitsstress bis hin zu einer Entlassung, dem Scheitern einer Beziehung oder einem Todesfall – vieles kann zu einer schnellen Eskalation führen.

Unabhängig davon, an welchem Punkt du dich gerade befindest, ist es nicht notwendig den berüchtigten „Tiefpunkt" zu erreichen, um alle Vorteile des Alkoholverzichts zu erleben. Tatsächlich ist es so, dass die meisten Menschen, die mit dem Trinken aufgehört haben, von ähnlichen Vorteilen und positiven Veränderungen in ihrem Leben schwärmen – sei es, dass sie komplett süchtig, Fans vom „Wein am Abend" oder trinkfreudige „Partytiere" waren.

Solltest du deine Beziehung zum Alkohol in irgendeiner Weise in Frage stellen, ist das der einzige Beweis, den du brauchst. Vermutlich würdest du weder deine Beziehung zu Brokkoli in Frage stellen noch darüber nachdenken, ob du weniger lesen oder laufen solltest, oder?

Schließlich wissen wir alle in unserem tiefsten Inneren, dass Menschen nicht dafür gemacht sind, alles in ihrem Leben – ob positiv oder negativ – mit Alkohol zu begleiten. Kinder können ganz ohne Rausch spielen und unendlich viel Spaß haben. Doch auf einmal ist dann alles anders und es sieht so aus, als ob Erwachsene davon überzeugt sind, dass ohne ein Bier, ein Glas Wein oder einen Gin Tonic gar nichts wirklich Spaß machen kann.

Aber es gibt einen besseren Weg.

***

Es ist kein Geheimnis, dass es in diesem Buch darum geht, den Alkohol aufzugeben. Dennoch sollten wir definieren, was in diesem Zusammenhang mit „aufgeben" gemeint ist.

„Aufgeben" ist ein emotionaler Ausdruck und suggeriert, dass etwas Erstrebenswertes fehlen wird.

Die gute Nachricht ist, dass das überhaupt nicht der Fall ist.

Selbst wenn du nur ein oder zwei Tage pro Woche verkatert bist, verschenkst du JEDES JAHR 50-100 Tage deines Lebens. Dabei ist die Zeit, die du damit verbringst, über Alkohol nachzudenken, Anlässe rund um ihn zu planen und das Chaos zu bewältigen, das er verursacht, noch gar nicht eingerechnet. Je nachdem, wie tief du im Sumpf steckst, kann das die Hälfte deines Jahres ausmachen – oder sogar mehr.

DAS ist ein gewaltiger Verlust.

Auf der anderen Seite hast du wahrscheinlich auf einige Dinge verzichtet, als du erwachsen geworden bist: Träume, Interessen und Hobbys. Wenn es dir so ergangen ist wie den meisten Menschen in der modernen Welt, hast du sie wahrscheinlich gegen das „Ausgehen" eingetauscht. Wobei „ausgehen" für viele Menschen bedeutet, zu trinken.

Ich behaupte nicht, dass das Ausgehen und Feiern keine Übergangsriten zum Erwachsensein sind und keinen Spaß machen. Sie sind aber auch Teil der Konditionierung, die Alkohol zu einem so wichtigen Teil des Alltags vieler Menschen macht. Hier entstehen schlechte Gewohnheiten.

Jetzt kommt der faszinierende Teil: Es geht nicht darum, was du aufgibst – es geht darum, was du zurückbekommst.

Menschen, die auf Alkohol verzichten sagen häufig: "Nüchtern zu sein hält, was der Alkohol verspricht". Das höre ich oft, und es stimmt.

Was mich am meisten überrascht hat, war, wie schnell die Alkoholabstinenz ihre Wirkung zeigt.

Wenn du merkst, wie drastisch sich das Leben ohne Alkohol verändert hat, beginnst du zu verstehen, wie sehr er in der Vergangenheit alles beeinflusst hat: Gesundheit, Beziehungen, Finanzen, Karriere und die spirituelle Seite deines Lebens.

Erinnere dich an deine Kindheit und daran, wie sehr du dich für Dinge interessiert hast, bevor du mit dem Druck des Erwachsenseins konfrontiert wurdest. Vielleicht war es für dich Sport, Musik oder irgendetwas anderes.

Diese Freude am „Spielen" ist bei Erwachsenen immer noch vorhanden, wird jedoch oft gegen das (leere und teure) Vergnügen ausgetauscht, zur Happy Hour in die Bar zu gehen. Die Ironie der „Happy Hour" ist, dass du vielleicht für eine

Stunde oder einen Abend glücklich bist, aber wenn es dir so geht wie mir früher, bist du in den nächsten Tagen überhaupt nicht glücklich!

Die Wahrheit ist, dass du wesentlich mehr gewinnst als du verlierst, wenn du auf Alkohol verzichtest.

Du bekommst nicht nur deinen spielerischen Enthusiasmus zurück, sondern kannst auch alles genießen, was du vorher genossen hast: Urlaub, Ausgehen, Dates, Weihnachten, Geburtstage, Freundschaften und Sex!

Diese kurze Aufzählung zeigt einmal mehr, dass Alkohol einfach überall auftaucht. Mit der Zeit assoziieren wir ihn mit all diesen Dingen und wir fragen uns, ob wir sie jemals wieder auf dieselbe Weise erleben werden. Nun, so wie Millionen anderer Menschen, die auf Alkohol verzichten, kann ich dir versichern, dass du es kannst.

Und falls du darüber nachdenkst, wie sehr du den „Geschmack" bestimmter Getränke liebst, kann ich dich beruhigen: Es gibt es einen boomenden Markt für alkoholfreie Getränke, der sich an alle neuen Nicht-Trinker richtet. Vorbei sind die Zeiten, in denen du nur eine einzige alkoholfreie Option zur Auswahl hattest und in der Kneipe belächelt wurdest, weil du sie bestellt hast.

Darüber hinaus gibt es weitaus tiefgreifendere Probleme, über die du nachdenken solltest – und all diese Dinge verbesserst du durch den Verzicht auf Alkohol.

Machst du dir immer wieder Sorgen darüber, dein volles Potenzial nicht auszuschöpfen? Der Verzicht auf Alkohol kann die motivierende Schubkraft sein, die du brauchst, um durchzustarten.

Falls du Schäden in irgendeinem Bereich deines Lebens reparieren möchtest – deine Gesundheit, deine Beziehungen, deine Finanzen oder deine Karriere – kann der Verzicht auf Alkohol der entscheidende Schlüssel sein, um dein Leben grundlegend zu verändern.

Und falls du deiner Seele etwas Gutes tun möchtest und nicht davon überzeugt bist, dass du dich selbst magst, wird der Verzicht auf Alkohol deine Heilung unterstützen.

Noch einmal: Du wirst weit mehr gewinnen, als du verlierst.

***

Was genau bringt dir das Lesen dieses Buches?

Hier ein kurzer Überblick:

Erstens: Du wirst die außergewöhnlichen Vorteile für deine Gesundheit und deine Fitness entdecken, wenn du auf Alkohol verzichtest.

Schon relativ kleine Mengen Alkohol können deinem Gewicht, deiner Haut, deinem Darm und deinem Gehirn erhebliche Schäden zufügen. Alkohol ist ein Gift, das der Körper nicht verarbeiten kann – deshalb gibt es ihn in verdünnter Form. Nicht umsonst sprechen wir auch von einer „Alkoholvergiftung".

Ich kann dir versichern, dass Kommentare wie „Du siehst zehn Jahre jünger aus" und „Wow, du hast abgenommen und siehst richtig toll aus" nie alt werden.

Nach der Gesundheit kommen wir zu den Finanzen. Trinken ist zum einen teuer, zum anderen ist es eine Substanz, die dein Urteilsvermögen beeinträchtigt und häufig zu schlechten finanziellen Entscheidungen führt.

Hast du schon mal auf den großen roten „Sch*** drauf"-Knopf gedrückt, nachdem du einige Drinks intus hattest, nur um es dann Monate oder sogar Jahre später finanziell zu bereuen? Bei mir hat es sechs Jahre gedauert, bis ich die Schulden für einen Last-Minute-Urlaub in Las Vegas vollständig abbezahlt hatte! Vier Nächte „Spaß" für sechs Jahre Schulden. Das ist kein wirklich guter Deal!

Früher habe ich mit einem ordentlichen Gehalt in der Londoner Finanzbranche gearbeitet, trotzdem lebte ich von Gehaltsscheck zu Gehaltsscheck. Mit dem Trinken aufzuhören, kann deine finanzielle

Situation verändern – egal, ob du deine Schulden loswerden, deine erste Immobilie kaufen oder einfach anfangen willst, dein Geld zurückzulegen und zu vermehren. Du kannst all das viel schneller erreichen, als du vielleicht denkst.

Als Nächstes befassen wir uns mit Beziehungen, von der Partnersuche bis zur Elternschaft. Du solltest dich nicht mehr auf ein paar Gläser Wein verlassen, um deine Nerven vor einem wichtigen Date zu beruhigen. Nüchternes Dating ist direkter und echter!

Beziehungen verändern sich, wenn du ein alkoholfreies Leben führst, vor allem, wenn der Alkohol vorher eine große Rolle gespielt hat. Glücklicherweise kann ich dir versichern, dass sie sich zum Besseren verändern werden.
Danach sprechen wir über persönliches Wachstum. Alkoholkonsum, selbst wenn er nur wenige Male pro Woche auftritt, kann echte Teufelskreise auslösen. Eine durchzechte Nacht führt zu einem Kater, der wiederum in Junkfood und Trägheit endet. Die folgende Woche beginnst

du dann mit schlechter Motivation (und einem beängstigenden Kontostand) und schleppst dich bis zu „Donnerstag ist der neue Freitag", um alles zu wiederholen.

NICHT zu trinken schafft einen anderen Kreislauf, allerdings einen positiven (und viel besseren). Stell dir vor, du wachst an einem Montagmorgen mit größerer Motivation und mehr Geld auf, als du erwartet hast, und das passiert Woche für Woche. Das ist der Punkt, an dem Veränderungen schnell passieren.

Es ist nicht verwunderlich, dass es so vielen Menschen gelingt, in den Monaten und Jahren nach dem Ausstieg aus dem Alkoholkonsum beeindruckende Erfolge zu erzielen.

Nachdem wir über persönliches Wachstum gesprochen haben, werden wir spirituell. Das bedeutet jedoch nicht, dass wir über Gott sprechen, es sei denn, du möchtest es. Wie David Bowie einmal sagte: „Religion ist für Menschen, die Angst vor der Hölle haben, Spiritualität ist für Menschen, die dort gewesen sind."

Viele Leute, die mit dem Trinken aufhören, entdecken, dass die Leere, die sie spürten als sie von Woche zu Woche lebten, durch etwas völlig anderes ersetzt wird – durch das Gefühl einer erfüllten Seele. In diesem Kapitel geht es auch um das (absolut freiwillige) 12-Schritte-Programm.

Als Nächstes folgt der SPASS am Nüchternsein. Es ist eine andere Art Spaß, aber es ist alles andere als langweilig. Ich kann dir versichern, dass die vielen nüchternen Menschen auf dieser Welt nicht nur zu Hause sitzen und sich langweilen! Sie treffen sich, gehen aus, erreichen Ziele, stehen früh auf und gehen ihren Hobbys nach, während die Trinkende den Freitagabend verschlafen.

Dann sprechen wir über Business und Karriere. Es gibt zwar eine Menge „funktionierender" Trinker da draußen, aber ein Leben ohne Alkohol ermöglicht dir, die Dinge auf das nächste Level zu bringen.

Ein Leben ohne Kater allein kann schon reichen, um beruflich durchzustarten. Wenn dann noch die Effekte von ständiger Klarheit und zusätzlicher Energie hinzukommen, kann es rasant spannend werden.

Im letzten Kapitel befassen wir uns mit den Realitäten des Nüchternseins auf einem alkoholisierten Planeten. Alkohol ist überall und verschwindet nicht, nur weil du aufhörst, ihn zu konsumieren. Dieses Kapitel befasst sich mit dem Umfeld, in dem du deine Zeit verbringst, und wie es sich (zum Besseren) verändert, wenn du aufhörst zu trinken.

***

Nun ist es höchste Zeit, dass ich dir ein bisschen mehr über mich erzähle.

Lange Zeit habe ich nur einmal pro Woche getrunken, wurde dann aber der Typ mit Finanzjob, protzigem Auto, schönem Haus und hohem Gehalt, der das ganze Wochenende trinkt und sich damit die Woche ruiniert.

Von der totalen Drogenabhängigkeit war ich nicht weit entfernt.

Ich war nie jemand, der es bei einem einzigen Drink belassen hat. Als ich mit 14 das erste Mal in einen Pub ging (in dem man nur einen früh pubertierenden Freund brauchte, um bedient zu werden) habe ich sofort zu viel getrunken. Mein Trinkverhalten war immer das gleiche. Es war nie nur ein Getränk. Nie.

Das Gleiche passierte mit meinem Drogenkonsum. Ich zog nie nur eine Line Kokain – ich musste die ganze Tüte haben.

Die Uni war ein starker Katalysator, der mein Trinken eskalieren ließ. Mein Alkoholkonsum war heftig. Ich hatte oft einen Filmriss und musste mich häufig übergeben. Das schien allerdings nie ein Problem zu sein, denn – nun ja – alle anderen taten es ja auch.

Dieses Trinkverhalten hielt bis zum Ende meines Studiums an.

Dann entdeckte ich KOKAIN – eine weitere Substanz, die in vielen Filmen als der Inbegriff von Glamour dargestellt wird.

Kokain schien alle Probleme, die ich mit Alkohol hatte, zu lösen. Es stoppte das alkoholbedingte Erbrechen, wodurch ich mehr trinken konnte. Ich konnte mich auch an alles erinnern und hatte das Gefühl, die volle Kontrolle zu haben.

Das Problem war nur, dass ich die Nebenwirkungen der einen Droge mit den gleichermaßen beeinträchtigenden Wirkungen einer anderen vertauscht hatte: Meine Kater wurden zu sogenannten „Changovers" (kokaininduzierter Schlafentzug). Die Kosten einer Nacht vervierfachten sich, und meine Paranoia sowie meine miese Stimmung wurden immer schlimmer.

Alkohol und Drogen haben in den ersten paar Stunden eines Abends „Spaß" gemacht. Weil ich aber nicht aufhören konnte, habe ich am nächsten Tag immer alles bereut. Ich hatte einen furchtbaren Kater und ich machte mich fertig, weil ich schlechte Entscheidungen in Bezug auf meine Finanzen getroffen hatte. Ich hasste mich dafür, dass ich nicht ins Fitnessstudio gegangen war. Mir fielen furchtbare Bemerkungen ein, die ich am Abend zuvor gemacht hatte. Meine Ernährung war unterirdisch schlecht – natürlich.

Dieser sich stetig wiederholende Zyklus dauerte 17 Jahre lang an.

Albert Einstein sagte einmal: „Wahnsinn ist, immer wieder das Gleiche zu tun und andere Ergebnisse zu erwarten". Jeden Sonntag sagte ich mir, dass die nächste Woche die Woche sein würde, in der ich „meinen Sche*ß auf die Reihe kriege". Aber dann tat ich das, was ich immer tat – und betrank mich.

Als ich in meinen Dreißigern angelangte, dauerten meine Kater nicht mehr nur ein paar Stunden, sondern hielten die ganze Woche an. Zu diesem Zeitpunkt glich eine Nacht mit Alkohol und

Drogen eher einer Selbstzerstörung als einem „epischen Abend".

Meine Versuche, mein Leben „in Ordnung zu bringen" und nach Thailand, Australien und Südafrika zu ziehen, konnten mein Alkoholproblem nicht lösen. Diese Reisen haben es sogar deutlich verschlimmert.

Auf Englisch nennen anonyme Gruppen dieses Phänomen „doing a geographical" – der Impuls, neu anzufangen, indem du in eine neue Stadt oder ein neues Land ziehst, statt dich von innen heraus zu verändern.

Deine Probleme verschwinden nicht auf magische Weise, nur weil du an einem anderen Ort bist. Ein Ortswechsel kann dich sogar noch mehr isolieren – und dir noch mehr Gründe für Alkohol und Drogen geben.

Mit der Zeit wurde mir klar, dass äußere Aspekte meine inneren Probleme nicht lösen würden.

Das Motto „Work hard, play hard" wurde zu "Spiele hart und hoffe, nicht gefeuert zu werden".

Glücklicherweise ist mir das gelungen. Ich bin mir aber sicher, dass einige Ex-Arbeitgeber dachten, ich sei eine Niete in meinem Job. Das lag daran, dass ich auf der Arbeit meistens entweder einen grauenhaften Kater hatte oder immer noch betrunken und high war.

Nachdem ich durch meine Sucht alles verloren hatte, erreichte ich schließlich meinen persönlichen Tiefpunkt. Da ich außer einer privaten Krankenversicherung nichts mehr besaß, suchte ich endlich professionelle Hilfe und begab mich in eine Reha.

Die Reha hat mein Leben gerettet. Sie gab mir Zeit und die Möglichkeit, nicht länger in ein und demselben Verhaltenskreislauf zu leben. Vor allem habe ich endlich gelernt, warum ich getrunken und Drogen genommen habe.

Während meines Reha-Aufenthalts wurde mir klar, dass ich unzufrieden damit war, wie ich aussah und mich fühlte. Das fing schon in meiner Kindheit an. Alkohol war meine „Medizin". Er nahm mir meine Unsicherheit. Je unsicherer ich mich fühlte, desto mehr trank ich und desto mehr Drogen nahm ich.

Nach der Reha, jeder Menge familiärer Unterstützung, persönlicher Entwicklung und der Teilnahme am 12-Schritte-Programm bei den Anonymen Alkoholikern, Cocaine Anonymous und einigen anderen, bin ich heute ein ganz anderer Mensch. Erst als ich mit dem Alkohol aufhörte, wurde mir klar, wie „allergisch" ich auf ihn reagierte und wie negativ sich die „Reaktionen" auf jeden Bereich meines Lebens auswirkten.

Gleich nach der Reha suchte ich mir einen Personal Trainer und nahm in nur vier Monaten, vor allem dank meines Alkoholverzichts, 35 Kilo ab. Fit zu werden und trocken zu sein, hat mich total verändert. Es gelang mir, meinen Job zu behalten und das Geld zu sparen, das ich brauchte, um als Arbeitnehmer auszusteigen und mein eigenes Unternehmen zu gründen.

Dank der Zeit und Energie, die meine Nüchternheit mit sich brachte, konnte ich eine Umschulung zum Psychotherapeuten machen. Zudem konnte ich eine Podcast-Reihe zum Thema Alkoholverzicht produzieren und wurde Kraft- und Konditionstrainer sowie Yogalehrer. Ich liebe meine neuen beruflichen Aufgaben, weil ich Menschen dabei unterstützen kann, körperlich und geistig an Stärke zu gewinnen und weil es mich jeden Tag um 6 Uhr morgens aus dem Bett hüpfen lässt.

Ich habe das Gefühl, dass mein Leben endlich einen Sinn hat. Alles dank dem Verzicht von Alkohol.

Vom drohenden Bankrott bin ich zu Ersparnissen, einem Dach über dem Kopf und einem Herzen voller Dankbarkeit gelangt.

Besonders wichtig ist mir, dass ich trocken zu jemandem geworden bin, der in den Spiegel schaut und stolz auf das ist, was er sieht.

Dieses Buch habe ich geschrieben, um dich dabei zu unterstützen, dein Verhältnis zum Alkohol zu hinterfragen. Ein Leben ohne Alkohol kann GROSSARTIG sein. Der Verzicht auf Alkohol bringt einige Herausforderungen mit sich, vor allem, wenn du es nie anders kennengelernt hast. Dennoch verdienst du es, zu erfahren, warum es niemand je bereut, trocken zu werden.

Die Vorzüge, die ich hier mit dir teile, haben nicht nur mein Leben verändert, sondern auch das der immer größer werdenden nüchternen Community. Es spielt keine Rolle, ob du dich als süchtig bezeichnest, ob du unter „Hangxiety" leidest oder ob du dich gerade fragst, ob Alkohol wirklich „gut" für dich ist. Diese Vorteile gelten für ALLE.

Welche Vorteile sollen das sein?

Du siehst jünger und fitter aus (und fühlst dich auch so), hast mehr Geld und nahezu permanent Energie und Klarheit. Das führt zu unglaublichen beruflichen Möglichkeiten, tiefgründigeren Beziehungen, erfüllenden Wochenenden, erholsamen Urlauben – und, nicht zu vergessen, unglaublichem Sex!

Der Verzicht auf Alkohol macht dich leistungsfähiger, konzentrierter und widerstandsfähiger. Deine körperliche und geistige Gesundheit verbessert sich dadurch drastisch.

Diese Vorteile stellen sich schneller ein, als du wahrscheinlich erwartest, vor allem, wenn Alkohol eine wesentliche Rolle in deinem Leben spielt. Schon nach wenigen Wochen kannst du eine deutliche Veränderung an dir feststellen, und mit zunehmender Dauer des Alkoholverzichts werden die „Verbesserungen" immer sichtbarer.

Der Verzicht auf Alkohol ist UNFASSBAR TRANSFORMATIV für jeden Bereich deines Lebens, und ich kann es kaum erwarten, dich dabei zu unterstützen, diese Erfahrung selbst zu erleben.

***

Bist du bereit, von den lebensverändernden Vorteilen des Alkoholverzichts zu profitieren und auf einem alkoholisierten Planeten nüchtern zu werden?

Ich möchte damit beginnen, dass wir lernen, das zu mögen, was wir im Spiegel sehen. Das fängt mit Gesundheit und Fitness an – und der Verzicht auf Alkohol ist dafür einer der entscheidenden Tricks.

Kapitel 1:

Sober Glow

Den Blick in den Spiegel habe ich schon ein paar Mal erwähnt. Dafür gibt es einen guten Grund.

Dein Spiegelbild gehört zu den ersten Dingen, die du jeden Morgen siehst, und im Laufe des Tages wirst du es immer wieder sehen.

Ich hasste mein Spiegelbild.

Nach 17 Jahren Trinkgelage, Junkfood, Drogenkonsum und Zigaretten war es kein Wunder, dass ich mit meinem Aussehen nicht zufrieden war. Du wirst zu dem, was du immer wieder tust.

Nach dem Studium explodierte mein Gewicht und im Laufe der Zeit nahm ich 51 kg zu. Meine Haut war schrecklich und ich fühlte mich in meinen Klamotten nie wohl. Egal wie viel Geld für Designerlabels ausgibt, wenn du mit deinem Körper nicht zufrieden bist, ist es egal, in welche Kleidung du ihn steckst.

Ich fühlte mich nicht nur äußerlich unansehnlich, auch innerlich ging es mir schlecht. Ich litt an einem Reizdarmsyndrom (RDS), das durch Alkohol, Kokain und Zigaretten ausgelöst wurde. Mein Blutdruck war gefährlich hoch, und meine Nase lief ständig.

Ich war ein Wrack, innerlich und äußerlich.

Dabei habe ich meine schlechte psychische Gesundheit noch gar nicht erwähnt – ein weiteres Nebenprodukt der ständigen Enttäuschung über das, was ich im Spiegel zu sehen bekam. Alkohol und Drogen „halfen" mir, das alles zu vergessen, und zwar Tag für Tag.

Dem Spiegel kannst du nicht ausweichen. Entweder gefällt dir, was du siehst, oder eben nicht. Gefällt es dir nicht, spürst du, wie dein

Glück und dein Selbstwertgefühl ständig schwinden.

Deshalb starten wir diesen Abschnitt mit den gesundheitlichen Vorteilen, die der Verzicht auf Alkohol mit sich bringt. Davon gibt es jede Menge: reinere Haut, Gewichtsverlust, mehr Muskeln sowie einen enormen Schub an Energie und Klarheit. Alle diese gesundheitlichen Vorteile werden auch „Sober Glow" genannt, was übersetzt so viel bedeutet wie „nüchternes Strahlen".

Das ist ein ganzer Haufen Vorteile. Das Beste daran ist, dass du sie innerhalb der ersten 30 Tage spüren kannst.

Falls du regelmäßig getrunken hast, ohne längere Pausen einzulegen, weißt du vielleicht gar nicht mehr, wie es sich anfühlen kann, wirklich gesund auszusehen und sich gesund zu fühlen. Nun ja, ein- oder zweimal pro Woche einen „ordentlichen Schluck" zu trinken, zählt als regelmäßig!

Bist du bereit, herauszufinden, wie viel besser das Leben sein kann?

Transformation deines Körpers:
Die Sober-Methode

Viele von uns trinken, um ihr Selbstvertrauen zu stärken und ihre Hemmungen abzubauen. Wir möchten uns in unserer Haut und in Gegenwart anderer wohl fühlen.

Das sind mit Sicherheit die wichtigsten Gründe, weshalb ich regelmäßig getrunken habe.

Der Hauptgrund für meinen Alkoholkonsum war, dass ich mich in meiner eigenen Haut nicht wohl fühlte. Es ist eine grausame Ironie, denn das Trinken, die Drogen und all die Dinge, die ich infolgedessen tat (wie Junkfood essen und keinen Sport treiben) führten dazu, dass ich an Körpergewicht zulegte. Dadurch fühlte ich mich noch weniger wohl.

Es ist ein unfassbarer Teufelskreis – aber leider auch nicht selten. Millionen von Menschen befinden sich in der gleichen Spirale – Woche für Woche und Jahr für Jahr.

Wir kommen gleich noch darauf zu sprechen, wie wahnsinnig kalorienreich und ungesund Alkohol ist. Aber zunächst muss ich darauf hinweisen, dass nicht nur das Trinken selbst das Problem ist. Bei mir hat der Kater mindestens genauso viel Schaden angerichtet und von meinem 15. bis 31. Lebensjahr war ich an den meisten Wochenenden verkatert.

Die längste Zeit, die ich ohne Alkohol auskam, war ein Zeitraum von sieben Tagen – und das nur, weil ich Antibiotika nehmen musste.

Während eines Katers macht niemand besonders viel Sinnvolles. Ja, du schaffst es vielleicht zur Arbeit und erledigst, was unbedingt nötig ist, aber dann kommst du nach Hause und belohnst dich mit Essen vom Lieferdienst. Wer einen Kater hat, tut nichts, was nicht unbedingt nötig ist. Gesundes Essen und Sport sind meist die ersten Dinge, die da auf der Strecke bleiben.

Wenn du regelmäßig trinkst, gerätst du in einen ziemlich destruktiven Kreislauf. So hast du keine Chance, einen gesunden Lebensstil beizubehalten.

Halbherzig versuchte ich, fitter zu werden und abzunehmen. Ich wollte abnehmen, und meine Gewichtszunahme machte mich fertig. Dennoch sabotierte ich meine Pläne stets und ständig.

Weil ich es nie länger als eine Woche bis zum nächsten Alkoholrausch durchhalten konnte, funktionierten Diäten bei mir nie, denn die Nachwirkungen kamen mir in die Quere.

Im Fitnessstudio war ich ebenso erfolglos. Eine dauerhafte Fitnessroutine habe ich nie durchgehalten, weil mir das Trinken immer wieder einen Strich durch die Rechnung machte. Das einzige Mal, als ich an einem Wochenende ein Fitnessstudio von innen gesehen habe, war, als ich einen Spinning-Kurs machen wollte, obwohl ich in der Nacht zuvor „feiern" war. Dass ich mich fast auf den Fahrer vor mir übergeben musste, machte mir klar, dass ich nicht ausgehen und am nächsten Tag zum Sport gehen konnte.

***

Das Geheimnis des Abnehmens würde darin liegen, „weniger zu essen und sich mehr zu bewegen", wird immer wieder von Leuten behauptet, die besonders selbstgefällig und überheblich sind.

Das nervt – aber die Sache ist die: Sie haben recht.

Etwas wissenschaftlicher ausgedrückt: Du brauchst ein *Kaloriendefizit*, um abzunehmen. Das bedeutet, dass du mehr Kalorien verbrennen solltest, als du zu dir nimmst. (Die Standardempfehlungen für die tägliche Kalorienzufuhr liegen bei 2500 kcal für Männer und 2000 kcal für Frauen). (NHS UK).

Allein das Defizit reicht theoretisch schon aus, um Gewicht zu verlieren. Aber auch die Bewegung ist entscheidend. Sport ermöglicht es dir, mehr

Kalorien zu verbrennen, was wiederum dem Ziel der Gewichtsabnahme zugutekommt.

An dieser Stelle möchte ich betonen, dass die Gewichtsabnahme hier nicht die einzige Option ist. Nicht alle haben dieses Ziel, und vielleicht ist es ja auch nicht deins. Gut für dich, wenn du es geschafft hast, während des Trinkens schlank zu bleiben (bei mir war das nicht der Fall!).

Gesundheit wird nicht durch Gewichtsverlust definiert. Manche Menschen konzentrieren sich sogar eher darauf, an Masse zuzulegen und Muskeln aufzubauen. Zum Aufbau von Muskeln brauchst du einen *Kalorienüberschuss,* indem du mehr Kalorien zu dir nimmst, als du täglich verbrauchst, und gleichzeitig Sport treibst.

Bodybuilder gehen zum Beispiel durch Phasen des Kalorienüberschusses, wenn sie Muskeln aufbauen wollen, und dann durch ein Kaloriendefizit, wenn sie Fett verlieren möchten. Sie nennen diese Phasen „Bulking" und „Shredding".

Wie bereits erwähnt, bin ich heute Kraft- und Konditionstrainer, doch ich möchte dir versichern, dass ich nicht darauf aus bin, dich zu einem Fitness-Junkie zu machen! Worauf ich hinaus will: Wie du im Spiegel aussiehst, ist eine Frage der Kalorienzufuhr und der Bewegung.

Und das bringt uns zurück zum Alkohol.

Alkohol steckt voller Kalorien, und noch dazu sind es LEERE Kalorien. Das liegt daran, dass Alkohol lediglich eine Energiequelle ist und kaum Nährstoffe enthält. Diese brauchen wir jedoch, um stark und gesund zu sein.

Alkohol enthält 7 Kalorien (kcal) pro Gramm. Das ist fast so viel wie Fett mit 9 kcal pro Gramm. Eiweiß und Kohlenhydrate kommen auf 4 kcal pro Gramm.

Kalorien sind *nicht gleich* Kalorien. Eine Portion Brokkoli mit 200 kcal ist nicht dasselbe wie eine Flasche Bier mit 200 kcal. Wer regelmäßig Mahlzeiten zugunsten von Alkohol auslässt, verpasst wichtige Nährstoffe, die unser Körper braucht, um zu gedeihen.

Würde die einzige Möglichkeit, betrunken zu werden, darin bestehen, in einer Bar zu sitzen und endlos viele Löffel Zucker zu essen, würden das wahrscheinlich deutlich weniger Menschen tun! Allerdings machen Millionen von Menschen, was die Kalorien angeht, etwas sehr Ähnliches. In nur einem Glas Apfelcider können bis zu fünf Teelöffel Zucker enthalten sein – das ist fast das Maximum, das du pro Tag zu dir nehmen solltest. (DrinkAware).

Es ist kein Wunder, dass Menschen, die regelmäßig trinken, nur schwer abnehmen und dazu neigen, immer mehr an Gewicht zuzulegen. Eine Studie zeigt, dass junge Erwachsene, die regelmäßig trinken, ein 41 % höheres Risiko haben, übergewichtig zu werden. Sie haben eine 35%ige Chance, die Grenze zur „Fettleibigkeit" zu überschreiten (Fazzino, Fleming, Sher, Sullivan and Befort, 2017).

Du bemerkst es einfach nicht, und die Menschen, die dir am nächsten sind, sehen es auch nicht.

Du weißt, wie das läuft: Wenn du einen Freund oder eine Freundin zum ersten Mal seit einem Jahr wiedersiehst, fällt dir sofort auf, ob er oder sie besser oder schlechter, dicker oder dünner aussieht. Aber wenn du jemanden jeden Tag siehst, bemerkst du das Kilo hier oder den Zentimeter dort nicht. Dies gilt übrigens auch für dich selbst.

Aber nun ist es höchste Zeit, dich mit ein paar Zahlen zu erschrecken:

Wir haben bereits festgestellt, dass Alkohol eine Menge sinnloser, leerer Kalorien enthält, aber wie viele genau, schockiert viele. Ein Bier mit 5 % Alkoholgehalt enthält 239 kcal (so viel wie ein normaler Mars-Riegel), und ein Glas 4,5%iger Cider hat 216 kcal.

Ein doppelter Gin Tonic, der oft als die „kalorienärmere" Variante betrachtet wird, enthält immerhin noch 180 kcal.

Und die Sache ist die: Normalerweise trinken wir nicht nur einen, oder? Sechs Mars-Riegel hintereinander zu essen, fänden wir „exzessiv", aber die gleiche Menge an Kalorien in Form von Bier zu konsumieren, ist nicht ungewöhnlich.

Erst wenn du die Kalorien zusammenzählst, wird es so richtig beeindruckend. Wenn du dir die folgende Tabelle ansiehst, erinnere dich an die täglichen Kalorienempfehlungen: 2500 kcal für Männer und 2000 kcal für Frauen. Bitte bedenke, dass diese Kalorienempfehlungen auf einer ausgewogenen Ernährung (Fette, Proteine und Kohlenhydrate) basieren, nicht auf einer ausgewogenen Ernährung mit verschiedenen alkoholischen Getränken!

	4 Drinks ("Casual Night")	8 Drinks ("Late Night")	12 Drinks ("Big Night")
Halber Liter Bier mit 5 % Alkoholgehalt - 239 kcal	956	1912	2868
Standard 175 ml Glas 12 % Wein – 133 kcal	532	1064	1596
Doppelter Gin Tonic – 180 kcal	720	1440	2160
Halber Liter Cider 4,5 % - 216kcal	864	1728	2592

Quelle: NHS UK, Drinkaware.

Wenn du dir diese Tabelle ansiehst, erkennst du, dass es möglich ist, mit nur einer „Big Night" die Kalorien eines ganzen Tages zu verbrauchen.

Dabei haben wir gerade erst angefangen. Du hast da ja noch nicht gegessen.

Da hilft es auch nicht, dass wir oft kalorienreiche Nahrung zu uns nehmen, wenn wir trinken – sowohl während als auch nach dem Trinken.

Das ist kein Zufall. Wissenschaftliche Studien zeigen, dass Alkoholkonsum „Überernährung begünstigt" (Tremblay & St-Pierre, 1996). Eine Überernährung während oder nach dem Feiern ist fast eine biologische Zwangsläufigkeit!

Gönnen wir uns doch einfach mal ein Big-Mac-Menü von McDonald's. Nicht das große, sondern das weniger üppige(!), mittlere. Das hat 1080 Kalorien (McDonald's).

Wenn du, wie in der obigen Tabelle angegeben, bis spät in die Nacht Gin Tonic trinkst und auf dem Heimweg noch einen Burger isst, hast du bereits 2520 Kalorien zu dir genommen. Das ist mehr als die empfohlene Tagesmenge für Männer und über 500 Kalorien mehr als die empfohlene Menge für Frauen.

Dabei haben wir noch nicht die anderen Lebensmittel an diesem Tag berücksichtigt – also kein Frühstück, kein Mittagessen, keine Snacks.

Wir reden nur von einer „Late Night", und nicht von einer „Big Night". Über den nächsten Tag haben wir auch noch nicht nachgedacht.

Wenn der Kater sich bemerkbar macht, steigt das Verlangen nach Kateressen: fettiges, salziges Essen voller Fette und Kohlenhydrate – also Spiegeleier, Speck, Pommes und Gerichte vom Lieferdienst – Kein Wunder, dass bei McDonald's am Samstag- und Sonntagmorgen immer eine Schlange von Lieferando- und Uber Eats-Fahrern zu sehen ist.

Mein liebstes „Katerheilmittel" war schon immer ein üppiges englisches Frühstück.

Leider hat das normalerweise um die 1300 Kalorien. Es gehört auch schon fast zur Tradition, dass wir danach noch einen Abstecher in den Pub machen. Der Kreislauf beginnt erneut.

Und bin immer noch immer nicht fertig!

Wie wir wissen, entscheiden sich Menschen mit Kater selten für Sport. Das bedeutet, dass sie die Kalorien auch nicht verbrennen. Eine einstündige Trainingseinheit im Fitnessstudio kann 500-800 Kalorien verbrennen. Vor Netflix zusammenzubrechen oder ein Taxi in die Bar zu nehmen ... verbrennt dafür so gut wie gar nichts.

Diese Zahlen wären schockierend genug, wenn es sich um einen einmaligen Vorfall handeln würde. Wirklich erschütternd wird es erst, wenn du die Auswirkungen sich wiederholender Ereignisse betrachtest.

Wenn ich dreimal pro Woche ausging und die oben erwähnten schlechten Entscheidungen in Bezug auf meine Ernährung traf, nahm ich jede Woche etwa 10.000 zusätzliche Kalorien zu mir. Das sind unglaubliche 52.000 Kalorien pro Jahr – der Gegenwert von 48 Big-Mac-Menüs. Um das zu verbrennen, hätte ich 75 STUNDEN laufen müssen.

Bei einem langsamen Lauftempo dauert ein Marathonlauf etwa fünf Stunden. Ich hätte also 15 Marathonläufe pro Jahr absolvieren müssen, um das auszugleichen. Und ich HASSE Laufen!

Selbstverständlich passierte nichts dergleichen. Wegen der paralysierenden Kater, die ich erlebte, kam das Fitnessstudio nicht in Frage. Das Ergebnis war vorhersehbar: Jedes Jahr nahm ich ungesund zu, hatte hohen Blutdruck, ein unzuverlässiges Verdauungssystem sowie ein zerstörtes Selbstvertrauen und Selbstwertgefühl.

Es ist nicht schwer zu erraten, was ich getan habe, um das zu kompensieren. Ja, ich habe noch mehr getrunken und noch mehr Drogen genommen. Der Kreislauf hörte erst auf, als das Trinken aufhörte.

Bisher ging es ja eher um Kalorien und das Körpergewicht, allerdings hat der Alkohol noch einen weiteren Haken: Er kann auch diejenigen erwischen, die es dennoch hinbekommen, zwischendurch in den Trinkpausen etwas Sport zu treiben.

Eine von Experten begutachtete Studie hat gezeigt, dass übermäßiger Alkoholkonsum dazu führt, dass die Muskeln weniger vom Training profitieren, da „die Erholung und Adaptation beeinträchtigt wird" (Parr, Carmera, Arete, Burke, Philips, Hawley, Coffey, 2014).

Auch wenn du es ins Fitnessstudio schaffst oder dich zum Laufen aufraffen kannst, wirkt sich der Alkohol auf dein Training aus. Solltest du eher Muskeln aufbauen als abnehmen wollen, beeinträchtigt Alkohol auch diese Fähigkeit deiner Muskeln.

Wenn wir schon einmal dabei sind: Alkohol verschlimmert außerdem Verletzungen!

***

Es ist verrückt, wie teuflisch der Kreislauf aus Alkohol, schlechter Ernährung und Bewegungsmangel tatsächlich wirkt. Das Faszinierende daran ist aber auch, wie durch den Ausstieg aus dem Alkoholkonsum ein ganz neuer Kreislauf entsteht – und dieser ist genau so gesund

und bereichernd, wie der alte deprimierend und zerstörerisch war. Diesen neuen Kreislauf erreichst du mit der Sober-Methode.

Trocken zu werden bedeutet, Zeit und Energie zu haben, um auf seinem Weg fitter und aktiver zu werden.

Noch einmal: Es geht hier nicht darum, dich dazu zu bewegen, fanatisch zu trainieren. Doch selbst wenn du weniger „engagiert" trinkst als ich es getan habe, bringt es einen gewaltigen Unterschied für dein Wohlbefinden, wenn du das wöchentliche „Feiern" und die 72 Stunden andauernden Folgeerscheinungen gegen gesündere Entscheidungen eintauschst.

Es gibt viele Möglichkeiten, den „Rausch" einer durchzechten Nacht zu ersetzen. Im Grunde genommen reicht es schon aus, wenn du dich bewegst. Körperliche Aktivität erzeugt ein gesundes und natürliches Hochgefühl. Ansonsten wären die Fitnessstudios leer und du würdest keine Läufer auf den Straßen sehen!

Sport ist eine prima Methode, um Stress abzubauen und Emotionen zu bewältigen. Seit ich als Kraft- und Konditionstrainer tätig bin, habe ich noch nie erlebt, dass Klienten eine Trainingseinheit „bereut" haben!

Bewegung ist Medizin, und es gibt zahlreiche Optionen: Wandern in der Natur, Schwimmen im kalten Wasser (nichts für schwache Nerven!), Mannschaftssport, Tanzkurse, Pilates oder Yoga. Probiere alles aus – du wirst nüchtern jede Menge Zeit dafür haben.

Ziehe einen Kreislauf in Betracht, der sinnvoll statt zerstörerisch ist. Er ähnelt auffallend dem gerade beschriebenen Zyklus: „Trinken – Essen – Zunehmen – Wiederholen", nur dass er deine Gesundheit verbessert, statt sie zu zerstören.

Zum einen bedeutet der Verzicht auf Alkohol an sich schon, dass du weitaus weniger Kalorien zu dir nimmst.

Wenn du dann auch noch deine Entscheidungen für schlechte Essgewohnheiten vermeidest – wenn du betrunken oder verkatert bist –, nimmst du noch weniger Kalorien zusätzlich auf. Zudem kannst du mehr Nährstoffe zu dir nehmen, die deinen Körper und deinen Geist unterstützen.

Nicht zu trinken bedeutet auch, keinen Kater zu bekommen. Das wiederum bedeutet, energiegeladen aufzustehen und Tage zu erleben, an denen du sowohl die Zeit als auch den Antrieb hast, dich zu bewegen.

Mehr Bewegung erhöht auch den Kalorienverbrauch. In Verbindung mit einer weitaus geringeren Kalorienaufnahme kannst du das Kaloriendefizit, das zum Gewichtsverlust führt, viel schneller erreichen, als wenn du trinkst.

Falls du Muskeln aufbauen möchtest (und kein Fett), bedeutet der Verzicht auf Alkohol, dass du tatsächlich in vollem Umfang von deinen Trainingseinheiten profitierst.

Sport gibt dir ein natürliches Hochgefühl, das deine Stimmung hebt und deine geistige Gesundheit verbessert. Das ist pure Wissenschaft, und keine hohlen Versprechungen von einem Kraft- und Konditionstrainer! Sport bewirkt, dass dein Körper gutes Zeug wie Serotonin, Dopamin und Norepinephrin freisetzt (Wasylenko).

Ironischerweise sind das genau die chemischen Stoffe, nach denen unser Gehirn verlangt, wenn wir trinken oder Drogen nehmen. Leider funktionieren Substanzen nicht wie Sport. Drogen und Alkohol entziehen dem Gehirn das, was es braucht, um sich gut zu fühlen, und lassen dich deprimiert, ängstlich und unmotiviert zurück.

So wie der negative Kreislauf des Trinkens immer weitergeht, tut es auch der gesunde Kreislauf:

Deine gute Laune bringt dich dazu, mehr Sport zu treiben, und der Gewichtsverlust (oder Muskelzuwachs) macht dein Spiegelbild attraktiver. (Das wirkt auch auf andere attraktiver, aber darauf gehen wir in einem späteren Kapitel über nüchternen Sex und Beziehungen näher ein!)

Wenn du keinen Alkohol trinkst, der deine myofibrilläre Proteinsynthese (schwieriges Wort, aber wichtige Sache!) beeinträchtigt, kannst du richtig Muskeln aufbauen. Das bedeutet, dass sich nicht nur dein Körpergewicht, sondern auch die Form deines Körpers verändert.

Nicht zu unterschätzen sind auch die Auswirkungen auf deine psychische Gesundheit (mehr dazu in Kürze).

In dem Moment, in dem du anfängst, dein Spiegelbild ein wenig mehr zu mögen, bemerken das auch andere Menschen.

Lass mich dir versichern, dass dein erstes „Du siehst toll aus" oder „Wow, du strahlst ja richtig" ein Gefühl auslöst, das du nie von einem Long Island Ice Tea oder einer Line Kokain bekommst. Diesen Effekt, bei dem du anfängst, positive Energie auszustrahlen und für die Menschen um dich herum einfach super aussiehst, bezeichne ich als „Sober Glow".

Die Sober-Methode, um großartig auszusehen, ist eine Feedback-Schleife, die immer weiterläuft – das Gefühl, dass es immer besser wird, überzeugt aus sich selbst heraus. Das kann bereits in der ersten alkoholfreien Woche beginnen.

Gehörst du zu den vielen Leuten, die in der Vergangenheit wiederholt versucht haben, abzunehmen oder fit zu werden? Dann kann es gut sein, dass der Verzicht auf Alkohol der Katalysator ist, der für dich den entscheidenden Unterschied ausmachen wird.

Beide Kreisläufe funktionieren auf ähnliche Weise, haben aber gegensätzliche Wirkungen. Aus diesem Grund ist es nicht verwunderlich, dass du die gewünschten Ergebnisse nicht erzielst, wenn du versuchst, beide für dich zu nutzen.

Außerdem hast du nichts zu verlieren, wenn du eine Zeit lang ein anderes Muster ausprobierst. Wie bereits erwähnt, musst du nichts aufgeben. Du probierst einfach etwas Neues aus. Der Verzicht auf Alkohol könnte genau das Richtige für dich sein.

Als ich meine eigenen schlechten Angewohnheiten endlich aufgegeben hatte, nahm ich in nur vier Monaten 35 kg ab. Das gab mir das Selbstvertrauen, das ich jahrelang in Alkohol und Drogen gesucht hatte.

Diese Transformation war so motivierend, dass ich entschied, Trainer für Kraft und Kondition zu werden, um an andere weiterzugeben, wie sehr Bewegung das Leben verändern kann.

Es passiert erstaunlich häufig, dass Menschen, die sich für den Verzicht auf Alkohol entschieden haben, in diese Branche wechseln – ich nenne das den „Life-Coach-Effekt". Sie haben ihre eigene Veränderung erlebt, als sie den Alkohol aufgegeben haben, und wollen nun andere dabei unterstützen, das Gleiche zu erleben.

Auch wenn du zu den Menschen gehörst, die Sport nicht besonders attraktiv finden, gibt es viele Möglichkeiten, deinen eigenen Weg zu gehen, um fitter zu werden. Regelmäßiges Spazierengehen kann dir Zeit für Podcasts, Musik, Hörbücher und Unterhaltung verschaffen. Kombiniere das mit gesunder Ernährung und schon bist du auf dem besten Weg zu lebensverändernden Verbesserungen.

Sei aber nicht überrascht, wenn du anfängst, dich für Aktivitäten zu begeistern, von denen du vorher dachtest, dass sie außerhalb deiner Komfortzone lägen. Das ganze „gut aussehen und sich gut fühlen" kann dich genauso in seinen Bann ziehen wie Alkohol.

Ein kurzer Hinweis, bevor wir weitermachen: Falls du zu den Personen gehörst, die Alkohol als Seelentröster benutzen (so wie ich), besteht die Gefahr, dass du dir woanders einen neuen suchst. Für viele ist es das Essen – vor allem zuckerhaltige Lebensmittel.

Süßigkeiten und andere zuckerhaltige Naschereien sorgen dafür, dass dein Körper Dopamin ausschüttet, den chemischen Stoff, der für ein angenehmes Gefühl sorgt. Alkohol tut das auch, weshalb viele Leute in diese „Kreuzsucht" geraten. Trinkst du regelmäßig, hat sich dein Körper an den Zucker in alkoholischen Getränken gewöhnt (Silver Maple Recovery).

Wenn du von regelmäßigem Alkoholkonsum und der zuvor beschriebenen exzessiven Kalorienzufuhr wegkommst, bleibt dir vermutlich genug Spielraum für ein paar Naschereien. Es ist jedoch ratsam, dich über den Zuckergehalt dieser Lebensmittel zu informieren, damit du nicht die Bar gegen die Konditorei um die Ecke eintauschst! Maßhalten ist der Schlüssel zum Erfolg!

In den folgenden Abschnitten lassen wir die Grundlagen zu Gewicht und Form des Körpers hinter uns und gehen auf weitere Aspekte ein, mit denen der Alkohol dein System durcheinanderbringt.

Man sollte meinen, dass der Alkohol mit dir fertig ist, nachdem er dich hat zunehmen lassen und deinen Muskelaufbau blockiert hat – aber weit

gefehlt. Er straft dich auch gerne auf andere Weise
– angefangen bei deiner Haut.

Wow - du siehst 10 Jahre jünger aus

Es gibt wohl keinen schlechteren Zeitpunkt, um
ein Selfie zu machen, als wenn du einen Kater
hast: Solche Bilder sind geprägt von Tränensäcken
unter den Augen, trockenen Lippen und einer
Haut, die es irgendwie schafft, gleichzeitig fettig
und dehydriert zu sein.

Trinkst du jahrelang, siehst du vermutlich nie ein
Foto von dir, mit dem du wirklich zufrieden bist.

Gegen Ende meiner Trinkerzeit sah ich 20 Jahre
älter aus (und fühlte mich auch so). Schon der
Alkohol allein ließ mich müde und krank
aussehen, ganz zu schweigen von den Zigaretten
und dem Kokain. Wenn die FaceID-Entsperrung
deines iPhones dich am „Morgen danach" nicht
mehr erkennt oder die Person auf deinem Passfoto
wie ein Betrüger aussieht, sollten die
Alarmglocken läuten!

Viele Menschen denken, dass Alkohol schlecht für die Leber ist (dazu kommen wir gleich noch). Wenige scheinen zu wissen, wie sehr sich Alkohol auf die Haut auswirkt. Wenn du Vorher-Nachher-Fotos von Personen siehst, die mit dem Trinken aufgehört haben, fällt vor allem auf, wie viel mehr sie strahlen. Der Sober Glow ist wieder da!

Entweder du siehst „gesund" aus oder nicht. Die dehydrierte Haut einer Person, die regelmäßig trinkt, wirkt auf die meisten Menschen nicht sehr ästhetisch.

Diese Wissenschaft steckt dahinter: Alkohol beeinflusst die Haut auf verschiedene Weise (WebMD, 2020). Zunächst trocknet er dich aus und lässt dich aufgebläht und „geschwollen" aussehen. Die Tränensäcke kommen vom schlechten Schlaf, der fast unvermeidlich ist, wenn du trinkst.

Wenn du, so wie ich es tat, auch noch Drogen zu dir nimmst, kann es passieren, dass du überhaupt nicht schlafen kannst. Stattdessen starrst du sechs

Stunden lang die Wand an und versuchst verzweifelt, IRGENDWIE zu schlafen, bevor der Wecker klingelt und du zur Arbeit gehst.

Als ob „aufgebläht und geschwollen" nicht schon genug wäre, kann Alkohol dich auch gerötet aussehen lassen, was sich hier und da zu einer ausgeprägten Rosazea entwickeln kann. Diese kann zum Dauerproblem werden und eine dauerhafte Rötung hinterlassen, ebenso wie ein Rhinophym, auch bekannt als „Alkoholikernase".

Es gibt auch Menschen, die allergisch auf Alkohol reagieren, was zu Nesselsucht führen kann. Bei manchen löst Alkohol auch eine Sonnenempfindlichkeit aus. Auf Dauer können auch andere Krankheiten wie Schuppenflechte, Zellulitis und sogar Hautkrebs durch Alkohol ausgelöst werden.

Das klingt beängstigend, doch es gibt eine effektive Lösung: der Verzicht auf Alkohol.

Kommen wir zurück zu dem, was du im Spiegel siehst. Selbst wenn du die schlimmsten Folgen vermeiden kannst, wirkt sich der Konsum von Alkohol noch immer nachteilig auf deine Haut aus.

Die erfreuliche Kehrseite ist, dass der Verzicht darauf dich mit ziemlicher Sicherheit jünger, strahlender und frischer aussehen lässt. Und wer würde das nicht wollen?

Da ich an zahlreichen Treffen der Anonymen Alkoholiker teilgenommen habe, habe ich viel Zeit damit verbracht, das Alter der trockenen Gastredner zu erraten. Sie sehen immer viel jünger aus, als sie sind. Der Sober Glow macht es sehr schwierig, das Alter von Personen zu schätzen, die schon eine Weile nicht mehr getrunken haben! Die Kommentare von Leuten, die sagen „Wow – du siehst 10 Jahre jünger aus", wenn du vorher 20 Jahre älter ausgesehen hast, als du tatsächlich warst, werden ebenfalls nie langweilig.

Als Nächstes gehen wir in das Körperinnere und beginnen mit dem Darm. Ich möchte dich vorwarnen – die folgenden Informationen sind vielleicht nicht ganz appetitlich, aber umso wichtiger.

Die unausweichliche Wahrheit ist, dass Alkohol auch unter der Haut ein paar ziemlich üble Dinge anrichtet.

Alkoholfrei einen fahren lassen

Die Redewendung „Müll rein, Müll raus" stimmt erschreckenderweise, wenn wir vom Alkohol reden.

Alkohol ist keine Substanz, die wir Menschen verarbeiten können. Es IST ein Gift und der Körper stößt es als solches ab. Ein Ort, an dem das besonders deutlich wird, ist der Darm.

Aufgebläht zu sein und einen Bierbauch (oder Weinbauch) zu bekommen, ist hier noch die geringste Sorge. Viele Trinkerinnen und Trinker entwickeln, so wie ich, Symptome, die mit dem Reizdarmsyndrom (RDS) einhergehen. Blähungen, Völlegefühl, Krämpfe, Durchfall, Verstopfung und Bauchschmerzen waren Symptome, die ich bei mir

so häufig auftraten, dass ich sie als „normal"
ansah, bis ich aufhörte zu trinken.

Ich litt nicht nur unter dem Reizdarmsyndrom,
sondern auch unter dem genauso unsexy
Sodbrennen und saurem Reflux.

„Sodbrennen ist ein brennendes Gefühl in der
Brust, das durch Magensäure verursacht wird, die
in den Rachen aufsteigt (saurer Reflux). Wenn das
immer wieder auftritt, spricht man von einer
gastroösophagealen Refluxkrankheit." (NHS).

Die Symptome werden nachweislich stark durch
Alkohol ausgelöst (Pan, 2019) und ich bin mir
sicher, dass auch Kaffee, Zigaretten und Kokain
(das ich zu dieser Zeit konsumierte) nicht geholfen
haben. Ich wachte regelmäßig mit Sodbrennen und
einem sauren Geschmack im Mund auf. Das führte
zu schlechtem Atem und noch mehr Blähungen (in
diesem Stadium meines Lebens brauchte ich
wirklich keine Hilfe). Es ist kaum verwunderlich,
dass ich während dieser Zeit meistens single war!

Das Verrückte ist, dass ich all diese Symptome als „normal" hinnahm und immer ein ungutes Gefühl hatte, weil ich nicht wusste, was mein Körper als nächstes tun würde. Man könnte meinen, dass diese Symptome allein hätten ausreichen müssen, um dem Alkoholkonsum für immer abzuschwören, doch da kam noch viel mehr auf mich zu.

Alkohol wird mit allen möglichen weiteren Magenerkrankungen wie Gastritis, Geschwüren und einem durchlässigen Darm (Leaky-Gut-Syndrom) in Verbindung gebracht (Libbert, 2021).

Die Tatsache, dass Alkohol dich dehydriert, reicht schon aus, um deine Verdauung durcheinander zu bringen. Wer regelmäßig trinkt, erträgt oft ein Hin und Her zwischen Verstopfungen (verursacht durch Dehydrierung und überschüssige Darmbakterien) und Durchfall.

Zu allem Überfluss kann man bei häufigen Verstopfungen auch noch Hämorrhoiden bekommen. Du willst ein perfektes Beispiel dafür, dass Filme uns ein unrealistisches Bild vom

Alkoholkonsum vermitteln? Ständig sehen wir James Bond einen Martini bestellen, doch noch nie hat es eine Szene gegeben, in der er in der Apotheke nach Wundheilsalbe fragt!

Die Wahrheit ist schlicht und einfach, dass dein Magen keinen Alkohol verträgt. Wenn du zu regelmäßigem, chronischem Alkoholkonsum übergehst, können die Unannehmlichkeiten eines „unzuverlässigen" Verdauungssystems noch schlimmer werden.

Dein allgemeiner Gesundheitszustand wird maßgeblich von der Gesundheit deines Darms beeinflusst (Recovery Nutrition, 2021). Eine schlechte Darmgesundheit kann zu systemischen Entzündungen führen, die dein Risiko für Alzheimer, Herzprobleme, Diabetes, Parkinson und verschiedene Krebsarten erhöhen.

Es gibt eine ganze Reihe von Dingen, die du tun kannst, um deine Darmgesundheit zu verbessern. Die Regale in den Supermärkten sind voll mit probiotischen Joghurts,

Nahrungsergänzungsmitteln, Kefir und Kimchi. Aber alles, was du für deinen Darm tust, macht der Konsum von Alkohol wieder zunichte. Dein Verdauungssystem verträgt ihn nicht – und wird entsprechend reagieren.

Wenn du dann noch alles andere berücksichtigst, was mit Alkoholkonsum einhergeht – schlechte Ernährung, wenig Bewegung und vielleicht auch noch Drogen – ist es kein Wunder, dass dein Körper durchdreht.

Kein Körper ist wie der andere und die Darmgesundheit ist sehr individuell. Womöglich merkst du gar keine gravierenden Auswirkungen – noch nicht. Es kommt jedoch häufig vor, dass Menschen, die gerade erst trocken geworden sind, mit Erstaunen feststellen, wie sehr sich die Dinge in diesem Zusammenhang verändern.

Ich möchte da nicht zu sehr in private Details gehen, aber häufig verändert sich die Verdauung von „unberechenbar" zu "regelmäßig, wie ein Uhrwerk", sobald man aufhört zu trinken. Oft bemerkt man erst jetzt, wie sehr man sich an Dinge wie Verdauungsstörungen, Sodbrennen und Übelkeit gewöhnt hatte. Als ich getrunken habe, war das für mich auch „ganz normal".

Eins steht außer Frage: Wenn du mit dem Trinken aufhörst, wirkt das Wunder für deine Darmgesundheit. Dabei geht es um weit mehr als nur um Essen und Verdauung.

Menschen sprechen immer wieder vom „Bauchgefühl" und je mehr sich die Wissenschaft damit befasst, desto stärker wird uns bewusst, welche Rolle der Bauch für unser allgemeines Wohlbefinden spielt.

Der Darm wird auch oft als das „zweite Gehirn" bezeichnet. Er ist mit dem Hirn verbunden und spielt eine entscheidende Rolle bei unseren Gefühlen und unserer Intuition (Mind and Body Works). Redewendungen wie „ein flaues Gefühl im Magen" oder „Schmetterlinge im Bauch" verdeutlichen diese Verbindung. Ein gesunder

Darm ist der Schlüssel zu einer guten allgemeinen psychischen und körperlichen Gesundheit.

Nachdem du endlich das Chaos beseitigt hast, das der Alkohol in deinem Verdauungssystem anrichtet, kannst du deinem Bauchgefühl wieder mehr vertrauen – und das in mehrfacher Hinsicht! Du kannst die Sorgen darüber, wo die nächste Toilette sein könnte, loslassen und stattdessen die Rolle des „zweiten Gehirns" stärken, die der Darm spielt.

Je länger du nüchtern bleibst, desto mehr kommst du mit deinem Körper und deinem „Bauchgefühl" in Kontakt. Ein verlässliches Verdauungssystem ist für viele schon eine enorme Verbesserung. Die Vorteile gehen aber weit über alkoholfreies Pupsen hinaus.

So, jetzt haben wir erstmal genug über Ausscheidungen geredet. Obwohl ich schon einige ziemlich beängstigende Erkrankungen angesprochen habe, bin ich noch lange nicht fertig.

Zittern, Schwitzen und Halluzinationen (Anzeichen von Alkoholismus)

Bislang war der Tonfall eher heiter, obwohl wir uns mit verschiedenen ernsten und lebensbedrohlichen Gesundheitszuständen befasst haben, die durch Alkohol verursacht oder verschlimmert werden können.

In diesem Abschnitt wird es weder Witze noch lustige Analogien geben: Alkoholabhängigkeit ist eine ernste und potentiell tödliche Angelegenheit. Mehr als drei Millionen Menschen sterben jedes Jahr durch den „schädlichen Konsum von Alkohol" (Weltgesundheitsorganisation, 2018).

Es gibt Menschen, die zittern, schwitzen und halluzinieren, wenn sie keinen Alkohol trinken. Das sind körperliche – und äußerst gefährliche – Anzeichen für eine Alkoholabhängigkeit.

Zu den weiteren Symptomen gehören:
- Schwitzen
- Zitternde Hände (Tremor)
- Schlaflosigkeit

- Gereiztheit
- Angststörungen und Depression
- Appetitlosigkeit
- Kopfschmerzen
- Erbrechen
- Übelkeit
- Schneller Puls (mehr als 100 Schläge pro Minute)
- Unruhe
- Reizbarkeit
- Desorientiertheit
- Atemprobleme

Quelle: Drinkaware

Manche dieser Symptome können auch durch andere Ursachen hervorgerufen werden. Das Entscheidende ist jedoch, dass jeder, der regelmäßig tränkt, professionellen medizinischen Rat einholen sollte, bevor er oder sie abrupt damit aufhört.

Wenn du plötzlich mit dem Alkohol aufhörst und ein Entzugssyndrom erlebst, kann das zu Krampfanfällen und sogar zum plötzlichen Tod führen. Das ist kein Scherz. Du solltest immer mit deinem Arzt sprechen, bevor du einen „kalten Entzug" machst. Zu den spezifischen Symptomen, auf die du achten solltest, gehören Halluzinationen, wiederholtes Erbrechen und starkes Zittern.

Wenn ich darauf zurückblicke, welche Symptome bei mir aufgetreten sind, bin ich besonders dankbar, dass ich aufgehört habe zu trinken und Drogen zu nehmen. Obwohl ich relativ glimpflich davongekommen bin, was den körperlichen Entzug angeht, führte mein Alkohol- und Drogenkonsum zu zahlreichen Arztbesuchen, Nächten in der Notaufnahme sowie Krankenhausaufenthalten über Nacht.

Es wäre zu erwarten, dass das ausreicht, um eine Person zum Handeln zu bewegen.

Das war es aber nicht.

Was könnte jetzt noch kommen?

Nichts Gutes: Lebererkrankungen wie Zirrhose und Fettleber, Schlaganfälle, Herzkrankheiten und viele Krebsarten wie Rachen-, Dickdarm-, Mastdarm-, Brust- und Mundkrebs (CDC). Die Folge sind – leider – schwere Krankheiten und der Tod.

Der Verzicht auf Alkohol verschafft dir leider keinen Freifahrtschein für eine ewig gute Gesundheit. Aber er reduziert drastisch das Risiko, dass dir eine Vielzahl schlechter Dinge widerfährt und dass du vorzeitig stirbst.

Die Wissenschaft bestätigt diese Annahme. Menschen, die mehr als 18 alkoholische Getränke pro Woche trinken, können damit rechnen, vier oder fünf Jahre weniger zu leben als Personen, die keinen Alkohol konsumieren (Therrien, 2018). Mehr noch: „Mäßige" Trinker, die 10-15 Getränke pro Woche konsumieren, sterben in der Regel ein oder zwei Jahre zu früh.

In dieser Zeit kannst du eine Menge tun, erreichen und erleben. Es geht nicht nur darum, dass dein

Leben verkürzt wird. Die Zeit, die du mit dem Trinken und der Erholung davon verbringst, kann sich auf viele weitere Jahre summieren, wie wir später feststellen werden.

Wenn du herausfinden möchtest, ob du zu viel trinkst oder eine Abhängigkeit entwickelst, findest du bei der Alkoholberatung von „Kenn dein Limit" oder bei Drinkaware (auf Englisch) ein entsprechendes Tool, das du im Ressourcenabschnitt dieses Buches findest.

Ich möchte betonen, wie wichtig es ist, im Zweifelsfall mit deinem Arzt oder deiner Ärztin zu sprechen. Alkohol ist eine weit verbreitete Droge, von der Millionen von Menschen betroffen sind. Es wird nicht das erste Mal sein, dass sie jemandem dabei helfen.

Im Anhang dieses Buches findest du weitere Ressourcen, die dir Hilfestellung und Anleitung geben können.

Als Nächstes gehen wir von der körperlichen Gesundheit zur psychischen Gesundheit über –

etwas, das bei regelmäßigem Alkoholkonsum definitiv zu kurz kommt.

Mental gesünder werden

Mein Leben mit Alkohol und Drogen habe ich ja schon ziemlich düster geschildert. Es kommt aber noch schlimmer.

Ich habe aufgehört zu zählen, wie oft ich auf einem fremden Sofa aufgewacht bin – ohne Portemonnaie, ohne Handy, ohne Schlüssel und ohne eine Ahnung, was in der Nacht zuvor passiert war. Wenn dann noch ein heftiger Kater dazu kam, bekam ich die berüchtigte „Hangxiety".

So viele Tage verbrachte ich damit, die Ereignisse der vergangenen Nacht zu verarbeiten und verzweifelt zu versuchen, den Schaden zu reparieren – und das alles, während ich mich zittrig und krank fühlte, mit hämmernden Kopfschmerzen und einem Gefühl von drohendem Unheil und Depression. Am Montag musste ich dann schließlich wieder auf die Arbeit!

Es ist nicht weiter verwunderlich, dass „Du bereust es nie, ohne Kater aufgewacht zu sein" ein typisches nüchternes Klischee ist.

Das Schlimmste an diesen Kater-Tagen ist, dass du immer noch all die Probleme hast, die du hattest, als du am Abend zuvor angefangen hast zu trinken. Die Wahrscheinlichkeit ist sogar groß, dass du sie noch verschlimmert hast.

Ein „paar Bier", um den Arbeitsstress zu vergessen? Prima, den Arbeitsstress hast du immer noch, aber jetzt musst du die Präsentation mit zitternden Händen und einem Mundgeruch von abgestandenem Tequila halten.

„Etwas" Wein, weil du dir ein paar angsteinflößende Gedanken über deine Finanzen gemacht hast? Gratuliere, du hast jetzt noch weniger Geld.

„Mut antrinken", damit du weniger nervös bist, wenn du das wichtige Date hast? Nun, du hast deine Chancen vertan, als du mit dem Lallen angefangen hast, und nach der SMS um 2 Uhr morgens wurde deine Nummer geblockt.

Der Versuch, durch Alkohol mit Gefühlen und Emotionen „fertig zu werden", ist geradezu makaber. Es ist unglaublich, dass es trotzdem immer wieder versucht wird.

Homer Simpson ist wahrscheinlich nicht die erste Person, die dir Ratschläge für deine psychische Gesundheit geben sollte, doch es steckt eine Menge Weisheit in seinem viel zitierten Trinkspruch: „Auf den Alkohol! Die Ursache und die Lösung für alle Probleme des Lebens".

Alkohol ist keine Lösung für Probleme der psychischen Gesundheit. Er ist nicht einmal eine effektive Hilfe. Jede Erleichterung, die er verschafft, ist bestenfalls von kurzer Dauer.

Wenn du mit dem Trinken aufhörst, erkennst du erst, wie sinnlos es ist, Alkohol zu trinken, um die ersten 30 Minuten eines gesellschaftlichen Ereignisses zu überstehen. Nicht wenige zahlen den Preis dafür, indem sie etwas Dummes tun und die nächste Woche damit verbringen, es zu bereuen. Manches bedauerst du jahrelang. Ich schäme mich immer noch dafür, dass ich auf der Verlobungsparty meiner Freunde in den Champagnerturm gefallen bin – sorry, Aimee und Matt.

Egal, wie der Abend endet, in der Regel bekommst du für 30 Minuten „locker machen" einen denkbar schlechten Gegenwert.

Alkohol hilft nicht bei psychischen Problemen. Er verschlimmert sie. Die Wissenschaft bestätigt das einmal mehr.

Alkohol ist eine seltsame Substanz. Er wirkt zunächst als Stimulans und veranlasst dein Gehirn, Dopamin, das „Glückshormon", auszuschütten (Healthline). Er erhöht deine Herzfrequenz, steigert dein Energieniveau und senkt deine Hemmschwelle.

Dabei ist Alkohol in erster Linie ein Beruhigungsmittel. Er bindet sich an deine GABA-(Gamma-Aminobuttersäure)Rezeptoren und hat dadurch eine beruhigende Wirkung. Im Grunde genommen ist Alkohol eine „Downer"-Droge, die dich runterbringt. Zudem hemmt er Glutamat, wodurch die Funktion deines Gehirns, deiner Nerven und deines Gedächtnisses eingeschränkt wird (AddictionCenter).

Andererseits besteht die grausame Ironie darin, dass Alkohol die Ausschüttung des aufheiternden Dopamins verringert, wenn er in größeren Dosen konsumiert wird. Genau das ist der Grund, warum so viele den Abend heiter beginnen und niedergeschlagen oder wütend beenden.

Die chemische Talfahrt geht weiter, nachdem du aufgehört hast zu trinken. Während du Alkohol konsumierst, beginnt dein Körper, Cortisol auszuschütten, das sogenannte „Stresshormon" (Buddy T, 2020). Dein Cortisolspiegel steigt noch eine ganze Zeit lang weiter an. Wer viel trinkt, braucht eine WOCHE, bis sich der Cortisolspiegel normalisiert (Loria, 2017).

Cortisol wird von den Nebennieren ausgeschüttet und sorgt dafür, dass wir gereizt, nervös und schreckhaft sind. Wenn die depressive, beruhigende Wirkung des Alkohols nachlässt, geht das Cortisol richtig ab. Das merkst du daran, dass du nach einer durchzechten Nacht um 4 Uhr morgens aufwachst, mit Herzrasen und einem Mund, der trockener ist als die Wüste Sahara.

Das Cortisol setzt seinen Angriff auch in den Tagen nach dem Trinkgelage fort und trägt maßgeblich zur „Hangxiety" bei. Cortisol ist allgemein bekannt als „das eingebaute Alarmsystem der Natur" (WedMD, 2020). Ist es verwunderlich, dass die Überflutung deines Gehirns mit Cortisol dazu führt, dass du dich vor deinem eigenen Schatten fürchtest?

Um das Ganze noch etwas zu verschärfen, schadet Cortisol nicht nur deiner psychischen, sondern auch deiner körperlichen Gesundheit. Ein Überschuss an Cortisol führt dazu, dass der Körper Insulin ausschüttet. Daraus folgt, dass die zusätzliche Energie als Fett gespeichert wird

(Hayes, 2018). Zusammen mit dem Alkohol sorgt es für das Verlangen nach Junkfood.

Damit noch nicht genug. Ein Überschuss an Cortisol erschwert dem Körper, Muskeln aufzubauen. Wenn du nun trainierst, während dein Körper mit Cortisol vollgepumpt ist, sind deine Muskeln angespannter und anfälliger für Verletzungen. Das erschwert zusätzlich die Regeneration.

Wirklich beängstigend ist die Dauer des Cortisol-Effekts. Wenn der Spiegel deines wichtigsten Stresshormons nach dem Trinken eine *ganze Woche* lang verrücktspielt, hat deine psychische Gesundheit keine Chance. Wenn du regelmäßig – und da reicht auch nur wöchentlich – trinkst, beginnt der Teufelskreis von neuem, bevor sich dein Gehirn von der letzten Attacke erholt hat.

Es ist kein Zufall, dass Alkohol so oft mit Depressionen und Angststörungen in Verbindung gebracht wird. Er ist ein echter Depressionsauslöser und überflutet dein Gehirn mit einem Hormon, das buchstäblich Angstzustände *verursacht*!

Das wirft ein schlechtes Licht auf die ganze Theorie des „sich locker Machens", oder?

Alkohol vernebelt dein Gehirn, beeinträchtigt dein Gedächtnis und macht dich weit weniger fähig, mit den unvermeidlichen Herausforderungen des Lebens umzugehen. Zum Glück kannst du die negativen Folgen reparieren, indem du mit dem Trinken aufhörst.

Eine Studie mit trockenen Alkoholikern hat gezeigt, dass die „kognitiven und mentalen Fähigkeiten" derjenigen, die mit dem Trinken aufgehört hatten, zurückkehrten. Sie waren von Nichtalkoholikern im gleichen Alter „nicht zu unterscheiden" (DeNoon, 2006). Eine winzige Ausnahme gab es bei der „räumlichen Orientierung". Trockene Alkoholiker sind im Kartenlesen und beim Zusammenbauen von Möbeln generell ein etwas schwächer!

Das erfreulichste „Upgrade" für die psychische Gesundheit durch den Alkoholverzicht ist das Lernen der Erkenntnis, dass man die Komplikationen des Lebens auch ohne chemische „Hilfe" bewältigen kann.

So merken zum Beispiel frisch Nüchterne schnell, dass fast alle Menschen zu Beginn einer Party oder einer Arbeitsveranstaltung nervös sind. Es ist nicht immer einfach, aber mit der Zeit stellst du fest, dass du dich entspannst und deine Hemmschwelle ohnehin nach kurzer Zeit sinkt.

Denk mal an kleine Kinder auf einer Geburtstagsparty. Am Anfang klammern sie sich oft an ihre Eltern oder bleiben am Rande des Raumes. Am Ende toben sie durch die Gegend und wollen gar nicht mehr nach Hause – bei ihnen klappt das ganz ohne Alkohol!

Das Ganze ist ein weiterer positiver Kreislauf. Mit der Zeit lernst du, dass du auch ohne die Krücke zurechtkommst. Das stärkt dein Selbstwertgefühl und bewirkt, dass du beim nächsten Mal noch besser zurechtkommst. Darüber hinaus fallen die Alkoholdelikte und der Kater sofort weg.

Es spricht viel für die „radikale Klarheit", die du gewinnst, wenn du aufhörst zu trinken. Du musst dich nicht mehr fragen, ob du zu laut, zu streitsüchtig oder zu „überdreht" warst. Du bist in der Lage, zu deinen Entscheidungen zu stehen, weil du weißt, dass du sie getroffen hast, und nicht der Alkohol.

Wie alle positiven Auswirkungen des Alkoholverzichts *verstärken* sich auch diese mit der Zeit. Gute Entscheidungen und positive Erfahrungen ziehen weitere gute Entscheidungen und positive Erfahrungen nach sich.

Mit dem Trinken aufzuhören ist nicht automatisch ein Allheilmittel für deine psychische Gesundheit. Ängste, Depressionen und andere Probleme können in deinem wahren Ich auch nach dem Alkoholkonsum bestehen. Es kann gut sein, dass sie der Grund dafür waren, dass du überhaupt angefangen hast, zu viel zu trinken. Aber zumindest hast du die Chance zu wissen, womit du es zu tun hast.

Die Selbstbehandlung deiner psychischen Krankheiten mit Alkohol beraubt dich dieser Chance. Das ist so, als würdest du versuchen, ein Auto ohne Motor zu fahren. Sehr weit kommst du damit nicht.

Wenn du nüchtern bist und dein Verstand, dein Körper und dein Bauchgefühl so funktionieren, wie sie es sollten, bist du viel mehr im Einklang mit dir selbst. Deine Intuition wird geschärft und du lernst endlich, deine normale Stimmung und dein Angstlevel zu erkennen. Du lernst, mit welchen Situationen du zu kämpfen hast und erkennst, in welchen Bereichen du Unterstützung gebrauchen könntest.

Trinkst du jedes Mal Alkohol, wenn du dich unwohl fühlst, wirst du nie wirklich wissen, wie du deine Gedanken, deine Emotionen und schwierige Situationen bewältigen kannst. Vielleicht bist du angenehm überrascht und stellst fest, dass du allein durch den Verzicht auf Alkohol viel „gelassener" geworden bist. Vielleicht hast du aber auch das Gefühl, dass du zusätzliche Unterstützung brauchst.

Eine Beratung oder ein Coaching kann eine gute Möglichkeit sein, dein Selbstbewusstsein zu stärken und weiter an deiner Intuition zu arbeiten. Dazu kommen wir später im Buch noch etwas ausführlicher.

Auch wenn es keine Garantien gibt, stellen viele Menschen fest, dass der Verzicht auf Alkohol ihre psychische Gesundheit deutlich verbessert. Ein weiteres Klischee zum Thema Nüchternheit (und davon gibt es viele!) lautet: „Ich dachte immer, Alkohol würde meine Angst lindern - dass er sie verursacht, habe ich nicht gewusst."

Ob es für dich auch so ist, kannst du nur herausfinden, wenn du Alkoholverzicht selbst ausprobierst.

Dämlichen Sch*** machen

Die gesundheitlichen Folgen von übermäßigem Alkoholkonsum sind klar. Zusätzlich gibt es aber noch andere Gefahren. Sie können ebenfalls erschreckende Auswirkungen auf deine körperliche und psychische Gesundheit sowie auf dein tägliches Leben und deine Zukunft haben.

Die harte Wahrheit ist, dass Alkohol dich dazu bringen kann, wirklich dämlichen Sch*** zu machen.

Allein in den USA sind in einem Jahr 147 Millionen Autofahrten unter Alkoholeinfluss unternommen worden (Masterson, 2022). Etwa ein Drittel der Todesfälle bei Autounfällen geht auf das Konto von betrunkenen Fahrerinnen und Fahrern.

Obwohl Alkohol am Steuer auf der ganzen Welt verboten ist (mit unterschiedlichen Toleranzgrenzen), ist die Einstellung der Gesellschaft gegenüber Alkohol am Steuer absurd entspannt. Wie oft ich schon „Wenn ich etwas getrunken habe, fahre ich sogar besser" schon gehört habe, zeigt, wie alkoholisiert dieser Planet wirklich ist.

Es gibt viele „gute Menschen", die lange Haftstrafen für Alkohol am Steuer verbüßen, weil sie dachten, sie würden damit durchkommen.

Die Entscheidung, sich nach zu vielen Drinks hinter das Steuer eines Autos zu setzen, ist nur eine der Millionen von Dummheiten, die durch Alkohol entstehen können. Selbst „oberflächliche" Patzer und Unfälle können dazu führen, dass du ins Krankenhaus kommst oder dir eine Verletzung zuziehst, von der du dich wochenlang erholen musst. Ganz zu schweigen davon, dass du sie erklären musst.

Wenn du regelmäßig trinkst, hast du dich vielleicht schon einmal im betrunkenen Zustand verletzt. Wenn nicht, fallen dir bestimmt ein paar Male ein, bei denen du kurz davor warst. Jedes Mal, wenn du zu viel trinkst, riskierst du, dass du mit mehr

als nur Kopfschmerzen und Gewissensbisse
aufwachst.

Es existiert nicht nur das Risiko einer Verhaftung,
des Todes und körperlicher Schmerzen (obwohl
das schon schlimm genug sein sollte). Geringere
Hemmungen und ein beeinträchtigtes
Urteilsvermögen können deine
Risikowahrnehmung ernsthaft beeinträchtigen.

Die „Gefahr durch Fremde" ist nicht nur etwas,
worüber sich Kinder Sorgen machen müssen.
Wenn du trinkst, bist du verletzlich, und auch
wenn du oft mit zufälligen Bekanntschaften nach
Hause gehst, kann es sein, dass du dich beim
nächsten Mal in ernsthafte Gefahr begibst.

Das hat unvermeidlich auch eine sexuelle Seite:
Neben jemandem aufzuwachen, an den du dich
nicht erinnern kannst, erfüllt dich nicht nur mit
Scham, sondern setzt dich auch dem Risiko von
Geschlechtskrankheiten und ungewollten
Schwangerschaften aus.

Ich könnte ein ganzes Buch über die schlechten Entscheidungen schreiben, die ich getroffen habe (und die schrecklichen Risiken, denen ich mich ausgesetzt habe), während ich unter dem Einfluss von Drogen stand. Ich hatte Glück: Ich bin in der Reha gelandet und nicht an den anderen beiden Orten, an denen Süchtige oft ihr Ende finden: im Gefängnis oder auf dem örtlichen Friedhof.

Alkohol war für mich eine Einstiegsdroge, so wie für viele andere Menschen auch. Ich neigte nicht dazu, Kokain zu kaufen, wenn ich nüchtern war, aber nach dem dritten Drink wurde es fast unvermeidlich. Die Risiken beim Kauf von Drogen im betrunkenen Zustand sind vielfältig – von der Verhaftung bis hin zum versehentlichen Schnupfen von Rattengift. Auch in diesem Bereich kannst du tausendmal „davonkommen", bevor es dich das nächste Mal erwischt.

Ich habe diese Risiken in dieses Kapitel über Gesundheit eingebaut, denn die Folgen können sich auf deine Gesundheit auswirken. Betrunkene Eskapaden können dich mit Scham, Ängsten und

Befürchtungen erfüllen, selbst wenn das Schlimmste gar nicht passiert – und das ist Kryptonit für deine mentale Gesundheit. Du kannst Wochen/Monate/Jahre damit verbringen, über deine Beinahe-Katastrophe nachzudenken oder zu befürchten, dass dein Telefon klingelt (oder die Polizei anklopft), weil du etwas getan hast, an das du dich nicht einmal erinnern kannst.

Und wenn dein Glück dich verlässt, kann es auf spektakuläre Weise vorbei sein. Jede dieser 147 Millionen betrunkenen Autofahrten kann mit einer Verhaftung, einer Gefängnisstrafe, dem Verlust des Arbeitsplatzes oder dem Tod enden. Ich versuche nicht dramatisch zu sein oder zu übertreiben – denn das passiert regelmäßig bei Abhängigen.

Es wird dich vielleicht nie treffen, bis es dich trifft.

Es gibt einen Grund – viele Gründe – warum Alkohol die Rangliste der gefährlichsten Drogen häufig anführt. Nur weil es eine Droge ist, die überall präsent und verfügbar ist, heißt das das nicht, dass du nicht mit dem Feuer spielst, wenn du sie konsumierst. Beim nächsten Mal kann es auch ernsthaft schiefgehen.

***

Das nüchterne Leben auf einem alkoholisierten Planeten bietet recht überzeugende Argumente: mehr Selbstvertrauen, ein besseres Aussehen, keine sinnlosen Schuldgefühle mehr, weniger Anfälligkeit für schwere Erkrankungen und eine geringere Wahrscheinlichkeit, etwas zu tun, was du für den Rest deines Lebens bereuen wirst.

Gesundheit und Wohlbefinden sind erst der Anfang. Im nächsten Kapitel geht es um etwas, von dem die meisten Menschen mehr möchten – Geld.

Kapitel 2:

Die finanzielle Freiheit der Nüchternheit

Alkohol ist teuer. Drogen sind noch teurer. Taxifahrten bis spät in die Nacht sind kostspielig. Essen zum Mitnehmen summiert sich.

Das ist alles ist kostspielig. Und es spielt keine Rolle, ob du denkst, dass du es dir leisten kannst.

Als Finanzberater in London habe ich anständig verdient – weit über dem Durchschnitt. Dennoch führte meine Unfähigkeit, „Nein" zu sagen immer wieder zu einem leeren Konto am Ende des Monats. Ein bestimmter Lifestyle war mir wichtiger als alles andere. Alles, was ich übrig hatte, waren lückenhafte Erinnerungen, Ängste infolge von Alkoholexzessen und Schulden.

Ich redete mir ein, dass ich ein Leben führte, von dem alle träumten. Wieder schlich sich der kulturelle Mythos vom „Glamour" rund ums Trinken und Feiern ein.

Heute weiß ich, wie sehr ich daneben lag.

Die Kosten deines Katers

Im vorangegangenen Kapitel haben wir einige harte Lektionen über den Brennwert von Alkohol gelernt. Schauen wir uns jetzt die tatsächlichen Kosten an – Pfund und Pennies, Dollar und Cents, Euros und Cent.

Als Beispiel schauen wir uns die Ausgaben für einen typischen Abend im Londoner Nachtleben an. Natürlich variieren die Werte, je nachdem in welchem Land oder in welcher Stadt du lebst. Das ändert aber nichts an der Tatsache, dass sich die Ausgaben, die mit Alkohol in Verbindung stehen summieren – egal wo du bist und egal wie hoch dein Gehalt ist.

Letztendlich ist alles relativ – wenn du mehr ausgibst als du einnimmst, hast du Schulden. Wenn du mehr sparst, als du ausgibst, bist du im Plus.

Wir starten mit einer durchschnittlichen „Late Night" mit Gin Tonic. Das ist derselbe Drink, den wir im vorherigen Kapitel besprochen haben – der, der mehr als 2500 Kalorien liefert.

	Einzel-kosten	Wie viele?	Gesamt
Gin und Tonic in einer Bar in der Stadt.	9 £ (10,28€)	8	72 £ (82,24€)
Taxi nach Hause	30 £ (34,27€)	1	30 £ (34,27€)
Drunk-Food	10 £ (11,42€)	1	10 £ (11,42€)
Kateressen	10 £ (11,24€)	1	10 £ (11,24€)
		Gesamt	**122 £ (139,36 €)**

Die Kosten in Euro basieren auf einem ungefähren Wechselkurs von 1 £/ 1,14 €

Vielleicht klingen 122 £ (139,36€) nicht nach viel. Oder es klingt doch nach viel. Bedenke, dass du eine Rechnung für alles aufstellen kannst, was du an einem typischen Abend ausgibst.

Das obige Beispiel stellt eine ziemlich harmlose Nacht dar. Wenn du zweimal pro Woche „harmlos" ausgehst, kosten dich diese Abende 12.688 £ (14.493 €) pro Jahr.

Dabei haben wir noch nicht einmal etwas anderes als preiswerte Gerichte zum Mitnehmen einkalkuliert. Wir haben auch noch nicht die ein oder andere Flasche Wein oder Bier berücksichtigt, die du für einen ruhigen Abend zu Hause kaufst.

Schauen wir uns jetzt die Zahlen an, die mich jahrelang davon abgehalten haben, meinen Kontostand zu checken. So hätte eine echte durchzechte Nacht, eine „Big Night", für mich ausgesehen:

	Kosten pro Drink	Wie viele?	Gesamt
Halber Liter Bier	5 £ (5,71 €)	6	30 £ (34,27 €)
Glas Wein	7 £ (8,00€)	3	21 £ (23,99 €)
Cocktail	12 £ (13,71 €)	3	36 £ (41,12 €)
Runde Shots	30 £ (34,71 €)	1	30 £ (24,27 €)
Club-Eintritt	20 £ (22,85 €)	1	20 £ (22,85 €)
Gramm Kokain	60 £ (68,54 €)	2	120 £ (137,07 €)
Pack Zigaretten	12 £ (13,71 €)	2	24 £ (27,41 €)
Taxi nach Hause	30 £ (34,27 €)	1	30 £ (34,27 €)
Essen (vorher und nachher)	30 £ (34,27 €)	1	30 £ (34,27 €)
		Gesamt	341 £ (389,51 €)

Die Kosten in Euro basieren auf einem ungefähren
Wechselkurs von 1 £/ 1,14 €

Wenn du wirklich in die „Partyszene" eintauchst, werden die Kosten irgendwann schwindelerregend. Das Verrückte daran ist, dass es schon fast zum guten Ton gehört, Summen wie 341 Pfund für eine Nacht auszugeben.

Alles im Leben ist relativ: Mag sein, dass du keine Nächte zu verbuchen hast, wie die in der obigen Tabelle. Ich hatte VIELE solcher Nächte, vor allem solche, die mit geplanten Aktivitäten oder einem schicken Essen begannen.

Nächte, wie diese passierten ausgesprochen oft. Unabhängig davon, wie du rechnest, ist das Ergebnis erschreckend. Nur eine dieser „Big Nights" alle paar Wochen erhöht die jährliche Summe für das „Partyleben" um 8.866 £ (10.127 €) auf 21.554 £ (24.620 €).

Und da reden wir noch gar nicht von dem, was im Urlaub, an Weihnachten, am Geburtstag, am Geburtstag anderer, bei Konzerten und Festivals sowie bei jeder anderen „besonderen" Gelegenheit passiert.

Kein Wunder, dass ich trotz meines hohen Gehalts immer jeden Cent verprasst habe. Tatsächlich bin ich sogar noch weiter gegangen und habe mich verschuldet. Ich habe über meine Verhältnisse gelebt und nicht mal ans Sparen gedacht.

Schulden sind nichts Ungewöhnliches. 63 % der Erwachsenen in Großbritannien haben private Schulden (Calic, 2022). Einerseits hatte ich einen guten Job mit einem guten Gehalt. Andererseits gab ich jedes Jahr mehr als 20.000 Pfund an Barkeeper, Drogendealer und Takeaway-Restaurants. Ich war Teil dieser Statistik.

Deshalb empfehle ich dir, die ungefähren jährlichen Kosten für deinen eigenen Alkoholkonsum zu berechnen. Berücksichtige dabei nicht nur den Alkohol selbst. Wie du siehst, summieren sich auch die damit verbundenen Kosten.

Was diese Trips noch schlimmer macht, ist die Tatsache, dass du, wenn Alkohol und Drogen im Spiel sind, in der Regel nach Hause kommst und eigentlich zusätzlichen Urlaub brauchst, um dich zu erholen!

Auch falls du nicht so viel Geld für deinen Lebenswandel ausgibst wie ich, kommt da mit Sicherheit ein beträchtlicher Betrag zusammen. Schon ein paar halbwegs anständige Flaschen Wein pro Woche summieren sich schnell auf mehr als 1000 Pfund (1142 Euro) pro Jahr - und das, wenn du sie nur für zu Hause kaufst.

Noch einmal – Alkohol ist teuer.

Und es wird noch schlimmer.

Auch ein Kater ist nicht gut für deine Finanzen.

Wenn man einen Kater hat, denkt man in der Regel nicht über Geldanlagen, Renten und langfristige Pläne nach. Es ist schon anstrengend genug, sich um die Lieferando-Bestellung zu kümmern und zu entscheiden, was auf Netflix läuft.

Du gibst also nicht nur viel zu viel aus und borgst dir möglicherweise zu viel, sondern tust auch nichts, um Fortschritte zu machen. Es ist möglich, das jahrelang zu tun (wie ich es getan habe), ohne zu bemerken, dass andere Leute weiterkommen, während du auf der Stelle trittst.

Wenn du das alles Woche für Woche wiederholst, gerätst du in einen dieser Teufelskreise, von denen wir die ganze Zeit sprechen.

Auch dafür gibt es eine effektive Lösung: den Alkoholverzicht.

Der Sober Bonus (579.013 €)

Genauso wie du unglaubliche Summen ausgeben kannst, wenn du trinkst, kannst du auch eine Menge Geld sparen, wenn du es nicht tust. Das Gewicht fällt ab, und das Geld beginnt sich anzuhäufen!

Das ist ein weiteres Beispiel für den Austausch eines Teufelskreises gegen einen vorteilhaften Kreislauf.

In meinem Fall war Alkohol der Startpunkt für alle möglichen Dummheiten: Glücksspiel, Drogen, ungesundes Essen und Taxis statt einer dreiminütigen Bahnfahrt.

All das waren Dinge, die ich nüchtern nicht tun würde – und als ich das Trinken einstellte, hörte das ALLES auf. Das spart eine Menge Geld.

Menschen, die gerade erst nüchtern geworden sind, überrascht häufig das Tempo, mit dem sie zu sparen beginnen. Hierfür gibt es mehrere Gründe:

Erstens: Nüchterne Menschen sind am Arbeitsplatz besser. Bitte komm mir jetzt nicht mit dem ganzen „Das hat keinen Einfluss auf meine Arbeit"-Argument. Doch, hat es, wenn du dich nur an die Regeln hältst und dich "krank" meldest. Deine Kollegen bemerken, wenn du in Meetings bleich und zittrig sind, wenn du zu spät kommst, wenn du nach Alkohol riechst und wenn du bei Arbeitsveranstaltungen am lautesten und betrunkensten bist.

Wie im vorigen Kapitel beschrieben, hat der Verzicht auf Alkohol schier magische Auswirkungen auf deine körperliche und psychische Gesundheit. Wenn du mit mehr Energie, Elan und geistiger Klarheit zur Arbeit kommst, wird das auffallen. Du wirst auch mehr Spaß an deinem Beruf haben.

Der Sober Glow kommt hier wieder ins Spiel. Deine Chefs sehen, dass du dich verändert hast – und daraus ergeben sich alle möglichen guten Dinge: eine interessantere Arbeit, mehr Aufstiegsmöglichkeiten, mehr Bonuszahlungen und eine echte Chance auf eine ordentliche Gehaltserhöhung!

Auch als Nicht-Trinker ist alles anders, wenn Feierabend ist. Plötzlich gibt es viel mehr Möglichkeiten, als nur zur Happy Hour zu hetzen oder den Kater der letzten Nacht zu pflegen.

Du merkst schnell, dass du noch Reserven für Nebenbeschäftigungen, passionierte Projekte, Zweitjobs oder die Gründung von Start-ups hast.

Wenn du plötzlich eine ganze Portion zusätzlicher Energie in dein Leben steckst, hast du das Gefühl, dass alles möglich ist – und das ist es auch. Viele Menschen, die trocken sind, werden zu erfolgreichen Schauspielern und Schauspielerinnen, veröffentlichen Bücher, werden Coaches, gründen Unternehmen – und verdienen schließlich Geld mit den Dingen, für die sie sich begeistern.

Kommen wir noch einmal kurz auf die Sache mit dem „Mögen, was man im Spiegel sieht" zurück.

Sobald du mit dem Prozess beginnst und ein gewisses Selbstwertgefühl aufgebaut hast, fällt es dir leichter, an deinem eigenen Glück zu arbeiten.

Es ist einfach, auf bestimmte Erwartungen konditioniert zu werden: welche Arbeit du tun kannst, welches Einkommen du erwarten kannst, welche Grenzen du hast. Ein Großteil dieser Konditionierung beginnt schon in jungen Jahren. Aber du kannst sie ablegen und anfangen, Besseres für dich zu verwirklichen. Ich empfehle Dr. Joe

Dispenzas Buch „Ein neues Ich" für weitere Informationen zum Thema Manifestation.

Wenn der Alkohol aus dem Spiel ist, hast du mehr Energie, mehr Zeit, mehr Selbstvertrauen, mehr Motivation, mehr Geld und mehr Selbstwertgefühl. Du hast weniger Schuldgefühle, weniger Schulden, weniger Scham – und weniger Kopfschmerzen.

Wenn du das alles zusammen nimmst, fängst du an, die Dinge ganz anders zu sehen: Warum NICHT das Buch schreiben? Warum NICHT ins Ausland ziehen? Warum NICHT das Unternehmen gründen? Warum NICHT mit dem Sport wieder anfangen, den du als Kind so toll gefunden hast? Warum NICHT den Berufswechsel wagen?

Das Beste daran ist, dass es sich bei all dem wahrscheinlich um Dinge handelt, die du schon gerne getan hättest, als du noch für die Wochenenden gelebt hast – die Dinge, zu denen du nie gekommen bist. Nun, jetzt kannst du sie nachholen!

Ein weiterer Nebeneffekt dieses positiven Kreislaufs ist, dass du anfangen kannst, an die Zukunft zu denken. Das Sparen und Vermehren deiner finanziellen Mittel hat sich bisher vielleicht nicht wie „Rock'n'Roll" angefühlt, doch wenn du im Rentenalter ohne einen Cent dastehst, fühlt sich das auch nicht gut an.

Spätestens wenn du zum ersten Mal am Ende des Monats Geld übrig hast, anstatt einen überzogenen Dispo und eine beängstigende Kreditkartenrechnung, beginnt sich deine Einstellung zu ändern. Du könntest investieren, Ersparnisse anlegen oder für langfristige Ziele sparen.

Der Konsum von Alkohol und Drogen ist eine schnelle Art, sich kurzfristig Befriedigung zu verschaffen – aber sie ist nicht von Dauer. Dabei geht das Geld – im wahrsten Sinne des Wortes – den Bach runter.

Mit der Fähigkeit, „Nein" zu sagen, kannst du Ziele erreichen, die du nie für möglich gehalten hättest.

„Nein" zu sagen, bedeutet nicht, „langweilig" zu sein. Es bedeutet, dass du klare Grenzen setzt und den Forderungen anderer nicht nachgibst. „Nein" zu sagen, bedeutet nicht, dass du etwas aufgibst, sondern dass du auf lange Sicht mehr bekommst.

Nehmen wir an, du sparst den Betrag, den wir für ein paar Abende in der Woche mit relativ harmlosen Ausgehen errechnet haben (12.688 £; 14.493 €), um auf die Zahlen von vorhin zurückzukommen. Wenn du es schaffst, diesen Betrag so anzulegen, dass er 5 % Rendite im Jahr einbringt, hättest du in zehn Jahren rund 190.000 £ (217.000 €). Fast 50.000 £ (57.000 €) davon wären Zinsen.

Wenn du ausgegangen bist, wie ich es getan habe, sind die Zahlen sogar noch schwindelerregender. Wenn du zwei dieser „Big Nights" pro Woche machst, wären das 35.464 £(40.509 €), die du jedes Jahr ausgibst. Legst du das ein Jahrzehnt lang bei gleichbleibender Rate zurück, hast du 506.898 £ (579.013 €), davon £116.794 (133.410 €) Zinsen.

(Quelle: The Calculator Site, Compound Interest Calculator).

Deine eigenen Zahlen werden variieren – aber selbst wenn du weniger ausgibst, summiert sich das immer noch für Dinge wie Hauseinlagen, Hochzeiten und neue Autos – vielleicht sogar für alles!

An dieser Stelle ist es angebracht, etwas zu betonen, das sowohl dem Klischee entspricht als auch unvermeidlich wahr ist: Mit Geld kannst du kein Glück kaufen. Will Rogers sagt dazu: „Zu viele Menschen geben ihr verdientes Geld aus, um Dinge zu kaufen, die sie nicht wollen, um Menschen zu beeindrucken, die sie nicht mögen."

Aber ganz im Ernst, während du trocken wirst, lernst du, dass der Kauf von „Dingen" – schnelleren Autos, größeren Häuser, schöneren Urlauben und unzähligen Bestellungen bei Amazon – nur zu einem ähnlichen, vorübergehenden Glück führt wie das Trinken.

Exzessives Geldausgeben kann sogar seinen eigenen Kater in Form von „Kaufreue" mit sich bringen. Das ist das Gefühl des Bedauerns, das oft auf eine große Anschaffung folgt. Es wird oft ausgelöst, wenn du das Ferienhaus oder das Cabrio nicht so oft benutzt wie erwartet oder wenn die Anschaffung nicht das Glück oder das Gefühl der Zufriedenheit bringt, das du dir erhofft hattest. Es ist sehr wahrscheinlich, dass du dieses Gefühl schon einmal erlebt hast!

Wir haben in diesem Kapitel viel über Geld gesprochen. Dennoch ist es wichtig, es als Bonus zu verstehen und nicht als alleinigen Grund, wenn es um ein besseres Leben fernab vom Alkohol geht.

Innerer Reichtum ist immer der Gewinner, und der entsteht, wenn du an einem Samstagabend mit dir selbst zufrieden bist und nichts und niemanden brauchst, um dich gut zu fühlen. Auch das gehört zum Nüchternsein, wie du in einem späteren Kapitel erfahren wirst.

Keine Sorge, du kannst nüchtern, glücklich UND
reich sein! Allerdings tragen Gesundheit, innerer
Frieden und erfüllende Beziehungen mehr zu
einem glücklichen Leben bei. Beziehungen gehen
wir als Nächstes an – angefangen bei
Freundschaften bis hin zu der Herausforderung
von Sex ohne Alkohol.

Kapitel 3:

Nüchterne Beziehungen

Deine Beziehungen werden sich verändern, wenn du aufhörst zu trinken. In den meisten Fällen verändern sie sich zum Besseren – aber du solltest wissen, was auf dich zukommt.

Ich kann dir jetzt schon versichern, dass nüchterne Menschen nicht zurückblicken und sich ihre dysfunktionalen und toxischen Beziehungen zurückwünschen, mach dir also keine Sorgen darüber, was du verlieren könntest. Du wirst so viel mehr gewinnen.

In diesem Kapitel geht es darum, wie sich Beziehungen verändern, wenn du dich entscheidest, nüchtern auf einem alkoholisierten Planeten zu leben – von der Partnersuche bis zur Elternschaft.

Alkoholabstinenz führt in der Regel zu wesentlich intensiveren Beziehungen, aber in der Regel mit weniger Menschen. Dieses Thema wird nirgendwo deutlicher als bei Freundschaften – also fangen wir dort an.

Sober Culling

Dieses Szenario aus meinen Trinkertagen hat sich buchstäblich hunderte Male abgespielt:

Ich ging am Freitagmorgen mit guten Vorsätzen zur Arbeit. An diesem Wochenende würde ich Dinge geschafft bekommen, Golf spielen, gesund essen, gut schlafen und nicht zu viel Geld ausgeben.

Doch ein Kollege schlägt einen „schnellen Drink" vor, um den Stress der Woche abzuschütteln, oder ein Freund ruft an und schlägt vor, sich auf dem Heimweg zu treffen.

Zehn Drinks später ist das Wochenende ruiniert, und mindestens die Hälfte der folgenden Woche auch.

Diese Situation ist Millionen von Menschen vertraut und passiert Woche für Woche, Jahr für Jahr: Wochenendpläne werden über den Haufen geworfen und gegen das kurze Gefühl von „Spaß" und "Spontanität" eingetauscht, gefolgt von Tagen, an denen du wie gelähmt und paranoid auf dem Sofa sitzt. Was für eine Verschwendung.

Menschen, die regelmäßig trinken, finden sich oft in einer Gruppe von „Trinkfreunden" wieder. Falls du einen Freundeskreis hast, in dem sich jeder Plan um eine Bar oder einen Club dreht, kommt dir das wahrscheinlich bekannt vor.

Der legendäre Motivationsredner Jim Rohn hat einmal gesagt: „Du bist der Durchschnitt der fünf Menschen, mit denen du die meiste Zeit verbringst". Daran ist viel Wahres dran. Wenn deine Freunde viel trinken, tust du es am Ende auch.

Die Frage, was deine Freundschaften jenseits des Alkohols (oder gegebenenfalls der Drogen) ausmacht, lohnt sich zu stellen. Vielleicht ist

Alkohol ja tatsächlich zweitrangig. Es ist allerdings nicht so ungewöhnlich, dass sich Freundschaften um nichts anderes als das gemeinsame Trinken drehen.

Wenn dir das bekannt vorkommt, mach dir keine Sorgen. Es mag ein wenig entmutigend erscheinen, dieser Menge den Rücken zu kehren, aber ich kann dir versichern, dass Besseres auf dich warten.

Wenn du zu einer solchen Gruppe gehörst, kannst du damit rechnen, dass zwei Dinge passieren, wenn du mit dem Trinken aufhörst – oft wird dieser Prozess als „Sober Culling" bezeichnet und bedeutet so viel wie „Ausmisten nach der Ausnüchterung".

Zunächst wirst du vielleicht feststellen, dass die ein oder andere Person in der Gruppe dich meidet oder deine Bemühungen ablehnt. Glücklicherweise kann das in der anfänglichen Phase der Nüchternheit durchaus etwas Gutes sein. Am Anfang wird es dir nicht gefallen, Zeit mit Leuten zu verbringen, die viel trinken.

Sobald dein Selbstvertrauen und dein Selbstwertgefühl wachsen, wirst du wählerischer, mit wem du Zeit verbringen möchtest. Dieses Zitat von Rikki Gale ist hier relevant:

„Früher bin ich in einen Raum voller Menschen gegangen und habe mich gefragt, ob sie mich mögen... heute schaue ich mich um und frage mich, ob ich sie mag."

Wenn du den Alkohol gerade erst aufgegeben hast, wirst du dir mit Sicherheit überlegen, wen du um dich haben möchtest. Wer sollen die Leute sein, von denen du der Durchschnitt bist?

Ein Teil der Sortierarbeit wird für dich erledigt: Nimm dich in Acht vor Leuten, die sagen: „Du kannst doch nur einen Drink mit uns haben!" oder „Du warst früher lustiger!" Diese Leute solltest du lieber gehen lassen. Wenn sie deinen Wunsch nach einem besseren Leben nicht unterstützen können, sollten sie kein Teil davon sein. Möglicherweise wirft dein Wunsch, dich mit deinen eigenen schlechten Gewohnheiten auseinanderzusetzen, ein unangenehmes Licht auf ihre eigenen.

Als nüchterner Mensch wirst du dich daran gewöhnen, „Nein" zu sagen. Wenn du einmal die Kraft gefunden hast, „Nein" zu Alkohol und Drogen zu sagen, ist es keine Herausforderung mehr, „Nein" zu einem einzigen Ausgehabend zu sagen.

Es geht darum, FOMO – Fear Of Missing Out (die Angst, etwas zu verpassen) – durch JOMO – Joy Of Missing Out (die Freude, etwas zu verpassen) – zu ersetzen. Es geht hier wieder um die verzögerte Belohnung, sowohl auf kurzfristiger als auch auf langfristiger Ebene.

Wenn du auf einen Freitagabend in der Bar verzichtest, kannst du das Wochenende mit den Dingen verbringen, die du eigentlich tun wolltest. Längerfristig hast du das Geld, die Energie und den Elan, um auf größere und bessere Ziele hinzuarbeiten.

Es kann eine wahre Freude sein, sich an einem Freitagabend in frischer Bettwäsche einzukuscheln und sich sicher zu sein, dass du die Aktivitäten, die du für das Wochenende geplant hast, auch machen wirst. Früh, frisch und inspiriert aufzuwachen ist besser, als am falschen Ort, ohne dein Geld und ohne deine Würde.

Wahre Freunde unterstützen dich in deinem Wunsch, noch besser zu werden. Wenn diese Menschen zu deinem "Durchschnitt" beitragen, ist das genau richtig. Eventuell gibt es auch Überraschungen. Die bedeutendsten Persönlichkeiten in deiner Gruppe sind vielleicht nicht die, von denen du es erwartest.

Für die anderen gilt: Hab keine Angst, weiterzuziehen. Mit der Zeit wird es nüchterne Freunde geben, die du in deinen engeren Freundeskreis aufnimmst. Bedenke: Es geht um Qualität, nicht um Quantität.

Mit der Zeit fühlst du dich auch wieder bereit, dich in gesellschaftliche Gefilde zu begeben. Durch die wachsende Anzahl derer, die neugierig darauf sind, was die Nüchternheit zu bieten hat, wächst. Aus diesem Grund gibt es in vielen Bars genügend Möglichkeiten für Nichttrinker. Du musst also nicht den ganzen Abend mit Soda und Limette oder einer Cola Light verbringen.

Es ist faszinierend, das Nachtleben mit nüchternen Augen zu sehen. Du wirst feststellen, dass du nicht mehr so lange unterwegs sein möchtest. Mit ein paar alkoholfreien Craft-Bieren oder Mineralwasser bekommst du alles mit, bis sie anfangen zu streiten und sich zu wiederholen. Dann gehst du nach Hause, machst es dir gemütlich und genießt den nächsten Tag, während die anderen voller Reue mit den Zähnen knirschen.

Damit hast du das Beste aus beiden Welten!

Freundschaften sind ein gutes Beispiel dafür, dass der Verzicht auf Alkohol zwar reduzierend wirken kann, dafür aber Verbesserungen und mehr Tiefe mit sich bringt.

Sobald du klarstellst, dass du dich entschieden hast, wohin du im Leben gehen willst, werden dich die Menschen in deinem näheren Umfeld entweder unterstützen oder auch nicht.

Mach dir auch Gedanken über den Freund/die Freundin, der/die du bist oder sein möchtest. Freundschaft funktioniert in beide Richtungen und mit dem Verzicht auf Alkohol wirst du mit großer Wahrscheinlichkeit ein besserer Freund oder eine bessere Freundin für die Menschen, die dir wichtig sind.

Trinkende schließen eigentlich nur mit anderen Trinkenden richtige Freundschaften. Generell sagen sie oft in letzter Minute ab und konzentrieren sich mehr auf das Trinken als auf den Anlass. Es sind oft die Leute, bei denen sich andere fragen, ob sie sie wirklich zu ihrer Hochzeit oder zur Taufe einladen sollen.

Womöglich gibt es sogar Freunde aus der Vergangenheit, die dich mit offenen Armen willkommen heißen. Vielleicht hast du dich von bestimmten Menschen gar nicht wirklich „entfernt". Es kann sein, dass sie sich nach einer Reihe von abgesagten Treffen oder unbedachten Bemerkungen von dir nur etwas distanziert haben.

Indem du besser wirst, ziehst du auch eine bessere Qualität von Freundschaften an. In einer echten Freundschaft geht es um Präsenz und zuverlässige Unterstützung. Es geht nicht darum, bei jedem gesellschaftlichen Ereignis der Spaßvogel zu sein.

Freundschaften können ohne die gemeinsame Grundlage des Alkohols an Tiefgründigkeit gewinnen.

Intimität beruht auf echter Freundschaft und nicht darauf, dass du im Suff Geheimnisse mit deinen Freunden teilst und dann bereust, dass du es getan hast.

Das Sober Culling ist herausfordernd, doch das Endergebnis ist es wert. Echte Freunde sind besser als „Trinkfreunde", auch wenn es nicht so viele davon gibt!

Dating ohne Alkohol

Alkohol beeinträchtigt dein Urteilsvermögen, stört deine Entscheidungsfähigkeit und „lässt dich leichtsinniger werden" (NHS).

Vor diesem Hintergrund scheint es verrückt, sich bei einem Date in dessen Nähe zu begeben! Doch trotz dieser wissenschaftlichen Erkenntnisse ist es das, was die große Mehrheit tut.

Es wird als verständlich angesehen, in bestimmten Dating-Situationen zum Alkohol zu greifen. Schließlich ruft das Kennenlernen selbst bei den selbstbewusstesten Menschen Nervosität hervor. Das Problem ist, dass Alkohol oft mehr schadet als nützt (und zwar nicht nur bei der Partnersuche)!

Ich hatte schon viele Dates, bei denen der Alkohol alles noch schlimmer gemacht hat. Selbstvertrauen kann sich in Arroganz verwandeln und „gesprächig" in „großmäulig". Tatsächlich werde ich unter Alkoholeinfluss zu einem ganz anderen Menschen. Schon ein paar Biere zur „Stärkung meines Selbstbewusstseins" würden ausreichen, um mich in eine lautere und dümmere Version meines wahren, nüchternen Ichs zu verwandeln.

Dating unter Alkoholeinfluss geht in der Regel in eine von zwei Richtungen: Du magst die Person, zeigst dich aber von deiner schlechtesten Seite und ruinierst es. Oder du machst mit der falschen Person weiter, weil die „Alkoholbrille" aktiviert wurde!

Auch bei Verabredungen gibt es dieses Paradoxon: Alkohol ist gesellschaftlich akzeptiert, aber verpönt, sobald du etwas zu viel davon trinkst. Wenn du bei einem Date „zu viel trinkst", ist das ein großes Warnsignal für potenzielle Partner.

Wenn du dich vom Alkoholkonsum zurückziehst, ist Dating im Rausch eines der Dinge, die einfach... verrückt erscheinen. Zwei Menschen mit beeinträchtigtem Urteilsvermögen und eingeschränkten Entscheidungsfähigkeiten versuchen herauszufinden, ob sie die Dinge weiterführen wollen. Das ist eine furchtbare Idee!

Lernst du Menschen nur kennen, wenn ihr getrunken habt, begegnest du nicht ihrem wahren Selbst. Du triffst jemanden mit erhöhten Sinnen und eingeschränktem Urteilsvermögen, während ihr unter denselben Dingen leidet. Kein Wunder, dass es so viele Leute gibt, die zahlreiche Horrorgeschichten zum Dating haben.

Die Lösung all dieser Probleme findest du, wenn du auf Alkohol verzichtest. Ich will aber nicht behaupten, dass es einfach ist. Sich nüchtern zu verabreden, gehört zu den furchterregenden und einschüchternden Aspekte des Alkoholverzichts. Gleichzeitig hilft er dir aber auch dabei, dein Selbstvertrauen zu stärken.

Nüchtern zu daten macht dich nicht immun gegen schlechte Dates. Aber die Unverfälschtheit und Ehrlichkeit beim Dating ohne die Krücke des falschen Selbstbewusstseins und der übersteigerten Sinne gibt dir eine bessere Chance, die richtige Person zu treffen. Jede Ablehnung und jedes langweilige Date bringen dich dem näher, was du suchst.

Mach dir auch keine Sorgen über den Eindruck, den dein Date von dir hat. Du präsentierst die wahre, unverfälschte, nüchterne Version von dir. Das erfordert Mut, und den richtigen Menschen wird es gefallen. Die Leute, die sich damit nicht wohl fühlen oder die „langweilig" finden, dass du nicht trinkst, sind sowieso sicher nicht die Richtigen für dich.

Ob dein Date Alkohol trinkt oder nicht, spielt eigentlich keine Rolle. Dennoch ist es ein guter Zeitpunkt, sich an das Zitat vom Anfang des Kapitels zu erinnern: „Früher bin ich in einen Raum voller Menschen gegangen und habe mich gefragt, ob sie mich mögen... heute schaue ich mich um und frage mich, ob ich sie mag."

Wenn du beschlossen hast, nicht mehr zu trinken, sollte jemand, der beim ersten Date „zu viel" trinkt, auch bei dir die Alarmglocken aktivieren.

Hast du erst einmal ein paar nüchterne Verabredungen gehabt, ist das alles viel weniger einschüchternd. Anstatt mit Alkohol ein falsches

Selbstvertrauen aufzubauen, schaffst du echtes Selbstvertrauen ohne Alkohol.

Natürliches Selbstvertrauen wirkt besonders attraktiv und anziehend.

Das beste von allem ist, dass wenn du „den Einen" oder „die Eine" gefunden hast, deine Wahl mit Klarheit und nüchternem Urteilsvermögen getroffen wurde. Das ist eine gute Voraussetzung für deine Zukunft.

Bevor wir mit dem nächsten Abschnitt weitermachen, eine kurze Warnung. Diese ist besonders wichtig, wenn du dazu neigst, von einer Beziehung zur nächsten zu wechseln.

Es kommt häufig vor, dass Menschen ihre Alkoholabhängigkeit gegen die Abhängigkeit von einer anderen Person eintauschen – und zwar oft mit der falschen Person. Diese Form der Abhängigkeit wird manchmal auch als „Beziehungssucht" bezeichnet. Viele Menschen trinken Alkohol oder nehmen Drogen, um eine

Leere in sich selbst zu füllen – eine Leere, die sie auch durch eine Beziehung zu füllen versuchen.

Ein guter Rat, um dem entgegenzuwirken, lautet: Habe Geduld. Glück kommt von innen, und wenn du deinen eigenen Lebensrhythmus gefunden hast, wird die richtige Person in deinem Leben auftauchen. Sich in eine Beziehung zu stürzen, nur um der Beziehung willen, ist nicht das Rezept für langfristige Harmonie.

Langfristige Harmonie ist also das, was wir als Nächstes angehen.

Magst du deine bessere Hälfte wirklich?

Nicht jeder, der sich entscheidet, mit dem Trinken aufzuhören, ist auf der Partnersuche. Viele sind bereits verheiratet oder in einer festen Beziehung. Das kann ein Fass ohne Boden aufmachen, vor allem, wenn die Basis, auf der die Beziehung aufgebaut war, mit Alkohol zu tun hat.

So wie viele Dates von Alkohol geprägt werden, sind es auch viele langfristige Beziehungen.

Ebenso wie der Alkohol das wackelige Fundament mancher Freundschaften bildet, ist er auch das wackelige Fundament einiger langfristiger Partnerschaften und sogar von Ehen.

Problematisch wird es, wenn du feststellst, dass du und dein Partner wenig oder gar nichts mehr gemeinsam hast, wenn der Alkohol nicht mehr Teil eurer Beziehung ist. Wenn ihr euch beim Trinken kennengelernt habt, beim Trinken zusammengekommen seid und dann die Wochenenden trinkend verbracht habt, kennst du die Person, mit der du zusammen bist, vielleicht gar nicht richtig. Das gilt für beide Seiten – dein Partner kennt dich vielleicht auch nicht wirklich.

Schon gut. Das ist keine totale Katastrophe, aber die Entscheidung, nüchtern zu werden, kann einige Herausforderungen in deiner Ehe oder deiner etablierten Beziehung mit sich bringen.

Du WIRST dich verändern, wenn du mit dem Trinken aufhörst. Möglicherweise stellst du auch fest, dass sich eure Beziehung durch den

Alkoholverzicht deutlich verbessert. Die Beziehung deines Partners zum Alkohol wird zwangsläufig eine Rolle dabei spielen, wie sich die Dinge entwickeln.

Vielleicht beschließt dein Partner/deine Partnerin, sich auf dein nüchternes Abenteuer einzulassen. Das ist häufiger der Fall, als du vielleicht erwartest. Wenn er oder sie regelmäßig trinkt, könnte der Gedanke an ein besseres Leben durchaus attraktiv sein. Für Menschen, die nur gelegentlich trinken, ist der Gedanke, nicht mehr zu trinken, vermutlich keine große Sache und sie werden sich dir anschließen.

Wenn du und dein Partner oder deine Partnerin beschließen, gemeinsam trocken zu werden, kann das eine wunderbare Sache sein. Ihr könnt alle Vorteile gemeinsam erleben: den Sober Glow, die Gewichtsabnahme, das steigende Bankguthaben, die Energie, den Antrieb, die Konzentration und eine ganze Reihe weiterer Dinge, über die wir noch nicht gesprochen haben – die Kraft zu zweit.

Das sind Zutaten für eine Beziehung, die wachsen und gedeihen kann – alle Vorteile des Alkoholverzichts und die Möglichkeit, sie gemeinsam zu genießen.

Dabei sollten wir auch realistisch bleiben.

Falls du in einer Beziehung warst, die vom Alkohol dominiert wurde, in der beide die Substanz benutzten, um Emotionen zu maskieren und größere Probleme zu ignorieren, könnten einige Herausforderungen auf dich zukommen.

Viele Menschen leben in einer erfüllten Partnerschaft, in der eine Person trinkt und die andere nicht. Aber eine Ehe, in der eine Person mit dem Trinken aufgehört hat und die andere weiterhin bis zum Exzess konsumiert, wäre zum Scheitern verurteilt.

Jede Partnerschaft ist anders. Wenn du in einer festen Beziehung bist, wirst du mehr über die Dynamik dieser Beziehung wissen als andere. Vermutlich kannst du abschätzen, wie

besorgniserregend die Situation in deiner
Beziehung ist.

Hast du regelmäßig getrunken und bist in einer
Beziehung mit einer Person, die ebenfalls
regelmäßig trinkt, ist es wahrscheinlich, dass ihr
euch bis zu einem gewissen Maß
„auseinanderleben" werdet, wenn nur einer von
euch aufhört. Du könntest den Vorschlag machen,
gemeinsam aufzuhören, um zusammen zu bleiben.

Unabhängig davon, wie du dich entscheidest, liegt
ein großer Vorteil des Aufhörens mit dem Trinken
darin, dass du selbstbewusster und sicherer wirst.
Dein Glück hängt dann nicht mehr von etwas oder
jemandem ab. Das ist eine gute Grundlage, um
eine bestehende Beziehung zum Erfolg zu führen
oder eine neue zu beginnen.

Sex ohne Alkohol

Nüchterner Sex hat viel mit nüchternen Dates
gemeinsam: Am Anfang ist es vielleicht etwas
beängstigend, aber weitaus erfüllender, belebender
und echter, wenn du dich daran gewöhnt hast!

Die große Mehrheit der Trinkenden hat mindestens eine Horrorgeschichte im Kontext von Sexualität: vom verkaterten Aufwachen neben der falschen Person bis zur Heimreise aus dem Urlaub mit einem besorgniserregenden Ausschlag. Tatsächlich können diese Fehlentscheidungen Folgen haben, die weit über ein Schamgefühl und ein Rezept für eine Creme und Antibiotika hinausgehen. Wenn du die Wissenschaft erst einmal verstanden hast, wird es dir schwerfallen, dir weitere Aktivitäten vorzustellen, die noch schlechter zusammenpassen als Alkohol trinken und Sex haben.

Zunächst einmal sind da die körperlichen Auswirkungen von Alkohol. Alkohol kann Erektionsstörungen verursachen (und tut es auch regelmäßig) (Iliades, 2021). Bei regelmäßigem Alkoholkonsum kann dies weit über ein einmaliges „Keine Sorge, das passiert allen mal" hinausgehen und sich zu einem dauerhaften, wiederkehrenden Problem entwickeln.

Bei Frauen kann die harntreibende und entwässernde Wirkung des Alkohols zu einem Mangel an Lubrikation führen, was zu vaginaler Trockenheit führt (Healthline).

Egal, welche sexuellen Vorlieben du hast, trockene Vaginas und schlaffe Penisse können herausfordernd sein, wenn es um positive sexuelle Erlebnisse geht. Auch an dieser Stelle sei noch einmal auf die Auswirkungen von Alkohol auf das Urteilsvermögen und die Entscheidungsfindung hingewiesen.

Abgesehen von den sehr realen Risiken ungeschützter sexueller Kontakte, Geschlechtskrankheiten und ungeplanter Schwangerschaften ist Sex unter Alkoholeinfluss mit Risiken verbunden: das Risiko, mit einer Person zu schlafen, der du dich nüchtern nicht genähert hättest sowie die Auswirkungen auf dein Selbstwertgefühl, wenn du dich am nächsten Tag im Spiegel betrachtest.

Die enthemmende Wirkung des Alkohol ist der Grund, warum er so oft in Verbindung mit Sex zum Einsatz kommt. Sich daran zu gewöhnen, es ohne Alkohol zu tun, ist jedoch nicht anders, als sich an die unangenehmen ersten 20 Minuten bei einem gesellschaftlichen Event oder das erste Mal nüchtern auf der Tanzfläche zu gewöhnen (letzteres kann sogar noch einschüchternder sein!).

Es lohnt sich! Dass du dich daran gewöhnst, Sex zu haben, ohne im Alkoholrausch zu sein, wird dein Selbstvertrauen enorm stärken. Außerdem bietet das den zusätzlichen Vorteil, dass du weißt, dass du es auf jeden Fall mit der Person Sex haben möchtest, mit der du es tust.

Wie wir bereits wissen, ist Alkohol in erster Linie ein Depressivum. Er steigert das sexuelle Erlebnis nicht, sondern stumpft es ab. Voll funktionsfähige Genitalien zu haben hat ebenfalls Vorteile.

Menschen sind mehr als fähig, auch ohne Alkohol schlechte Entscheidungen zu treffen. Wenn du mit dem Trinken aufhörst, bedeutet das nicht, dass du garantiert ein Leben lang ideale Sexualpartner und perfekte sexuelle Erfahrungen haben wirst. Aber Sex macht nüchtern mehr Spaß, sowohl aus physischer als auch aus mentaler Sicht.

Nüchterner Sex kann Beziehungen voranbringen und wachsen lassen. Wenn du den Mut hast, „das Licht anzulassen" und deinen Partner wirklich innerlich und äußerlich kennenzulernen, wird dir klar, dass nüchterner Sex auf einem alkoholisierten Planeten alles andere als langweilig ist.

Sex ist nicht nur eine Möglichkeit, sich zu vergnügen – es geht auch darum, Kinder zu bekommen.

Wie sich herausstellt, ist Alkohol auch hier nicht gerade hilfreich. Der offizielle Ratschlag für Frauen, die versuchen, schwanger zu werden, besteht im vollständigen Verzicht auf Alkohol (Drinkaware). Schon ein bis fünf Drinks pro

Woche können „die Chancen einer Frau, schwanger zu werden, verringern".

Wenn ein Mann trinkt, wird es noch schlimmer, denn Alkohol „senkt den Testosteronspiegel sowie die Qualität und Quantität der Spermien". Es ist eine Ironie des Schicksals, dass übermäßiger Alkoholkonsum als „männlich" angesehen wird, während Impotenz und eine niedrige Spermienzahl als „unmännliche" Eigenschaften gelten.

Wenn du ein Kind bekommen möchtest, könnte Alkohol diesem Wunsch also durchaus im Weg stehen.

Elternschaft mit Kater

Als alkoholisierte Eltern hat man nie das Gefühl, gut genug zu sein.

Selbst wenn du eine „glücklich trinkende Person" bist und nie die Beherrschung verlierst, Versprechen brichst oder irrational handelst, wirst du trotzdem das Gefühl haben, nie genug zu sein.

Ein verkatertes Elternteil zu sein ist furchtbar. Die Kopfschmerzen, die fehlende Energie und der Selbsthass, alles kombiniert mit einer lauten Umgebung und kleinen Menschen, die deine Aufmerksamkeit wollen, weil sie dich – seien wir ehrlich – mehr als alles andere auf der Welt lieben.

Das Gefühl, nicht dein Bestes zu geben, verstärkt die Schuldgefühle. Angst und Nervosität führen dann dazu, dass du sie anschnauzt, weil du nervös bist, Kopfschmerzen hast und keine Geduld mehr aufbringen kannst. Damit bist du wieder bei den Schuldgefühlen des Kreislaufs angelangt.

Vielleicht haben deine Kinder sich nicht benommen und brauchten eine Standpauke, aber das ändert nichts an der Tatsache, dass du dich wie der schlechteste Mensch der Welt fühlst. Du sagst dir: „Nie wieder!"

Aber dann, nachdem das Zubettgehen zweieinhalb Stunden gedauert hat, bist du so erschöpft, dass du den Wein öffnest. Der Kreislauf beginnt erneut.

All das ist schon schlimm genug, wenn du nicht so viel trinkst, dass deine Kinder durch dein Verhalten Schaden nehmen oder in Not geraten. Das Ganze kann tatsächlich sehr ernst werden, denn es gibt Hinweise darauf, dass „Kinder von Alkoholikern ein erhebliches Risiko für eine Reihe von kognitiven, emotionalen und Verhaltensstörungen haben" (MentalHelp.net).

Von nüchtern gewordenen Eltern hört man immer wieder: „Ich bin jetzt so viel präsenter mit meinen Kindern."

Elternschaft ist extrem schwer. Kinder können laut sein. Sie können irrational, unberechenbar und streitsüchtig sein. Kinder WERDEN Grenzen überschreiten und dir deinen Schlaf und deinen Verstand rauben.

Eltern wissen, dass man mehr als alles andere auf der Welt lieben und gleichzeitig wütend sein kann!

Diejenigen, die sich dafür entscheiden, auf einem alkoholisierten Planeten nüchtern zu sein, erkennen in der Regel, dass ihre Kinder Teil der

Lösung und nicht Teil des Problems sind. Plötzlich wird ihnen klar, dass sie keinen Drink brauchen, um einen anstrengenden Tag mit den Kindern zu überstehen. Sie stellen fest, dass es manchmal die Umarmung, die bedingungslose Liebe oder der komische schrullige Wutausbruch des Kindes ist, der den Stress vergessen lässt.

Ich will nicht so tun, als ob das einfach wäre. Elternschaft ist eine Herausforderung für deine Finanzen, deine geistige Gesundheit, deinen Schlaf, deinen Tagesablauf und deine Fähigkeit, dich zu entspannen. Aber die Wahrheit ist, dass Alkohol bei KEINEM dieser Probleme hilft. Vielmehr verschlimmert er sie alle.

Wenn regelmäßiger Alkoholkonsum ein „Leben auf die harte Tour" ist, dann hat die Erziehung von Kindern unter Alkoholeinfluss ihren ganz eigenen Schwierigkeitsgrad. Es ist kein Wunder, dass die Geburt von Kindern oft dazu führt, dass Menschen ihr Verhältnis zum Alkohol überdenken.

Kein Kind wird dir später sagen, dass du ein besserer Vater oder eine bessere Mutter warst, weil du die ganze Zeit getrunken hast. Alle schädlichen Effekte des Alkohols können zu Ergebnissen führen, die schlecht für deine Kinder sind – nicht zuletzt das Risiko, dass du weniger Zeit in ihrem Leben verbringst.

Die Entscheidung, ein nüchternes Elternteil zu sein, bringt viele Vorteile mit sich. Kinder freuen sich über Aufmerksamkeit und über Eltern, die ganz bei ihnen sind. Vielleicht stellst du sogar fest, dass sie dich ein bisschen weniger anstrengen, weil du dich besser konzentrieren kannst!

So oder so, das Einzige, was besser ist, als im Spiegel einen guten Menschen zu sehen, ist, in den Spiegel zu schauen und einen guten Vater oder eine gute Mutter zu sehen. Das kann man nicht mit Geld kaufen.

Ernüchternde Familiendynamiken

Eine letzte Beziehungsdynamik, auf die wir noch nicht eingegangen sind, ist die Beziehung zu deiner erweiterten Familie.

Ebenso wie sich manche Freundeskreise um Alkohol drehen, tun das auch manche Familien – Brüder und Schwestern, Eltern und ihre erwachsenen Kinder und sogar Tanten, Onkel, Cousinen und Cousins.

Feiertage? Alkohol. Hochzeiten? Alkohol. Irgendetwas zu feiern oder zu bedauern? Alkohol. Viele Familienfeiern werden durch das Verhalten unter Alkoholeinfluss eines oder mehrerer Familienmitglieder ruiniert. In manchen Haushalten ist das quasi Tradition.

Der Schaden, den Alkohol in Großfamilien anrichtet, kann sich im Laufe der Zeit verstärken. Einzelne Vorfälle werden zu langfristigen Ressentiments und kommen immer wieder auf den Tisch. Das muss aber nicht so sein.

Es ist unrealistisch, von deiner ganzen Familie zu erwarten, dass sie mit dem Trinken aufhört, nur weil du es für dich beschlossen hast. Ein klarer Umgang mit deiner Familie kann dennoch nur gut sein, ebenso wie die Gewissheit, dass du tatsächlich zu Anlässen erscheinst, anstatt abzusagen, weil du zu verkatert bist.

Sogar wenn du zu einer trinkfreudigen Familie gehörst, ist es befreiend zu wissen, dass DU nicht die nächsten bitteren, betrunkenen Erinnerungen haben wirst. Dadurch kannst du dich entspannen und die Gesellschaft deiner Familie genießen. Wenn du ein paar Tage mit ihnen verbringst, kannst du alle diese Tage erleben und nicht nur eine Nacht, auf die drei Tage mit Kopfschmerzen, Schuldgefühlen und Schuldzuweisungen folgen.

Wahrscheinlich wirst du bei deiner Familie auf Widerstand stoßen, vor allem wenn sie es nicht anders kennen, dass sich die Anlässe um Alkohol drehen. Du wirst vielleicht gefragt werden, warum du nicht mal einen Drink zum Anstoßen mittrinkst, aber wie bei den Freunden musst du auch hier abwägen: Falls deine Familie zu aufdringlich wird, verbringst du einfach mehr Zeit mit Leuten, die das nicht in Frage stellen.

Vergiss nicht, dass es deine Entscheidung ist, den Alkohol aufzugeben und ein Leben zu führen, das besser ist als ein Leben, das durch Alkohol negativ beeinflusst wurde. Kein Familienmitglied sollte dir dabei in die Quere kommen oder dir das Gefühl geben, dass du sie im Stich lässt, weil du dich nicht an ihre „normalen" Regeln hältst.

Deine Familie wird nicht nur lernen, deine Entscheidungen zu respektieren. Sie wird eine neue und deutlich verbesserte Version deines früheren Ichs sehen, die in der Lage sein wird, für die Familie da zu sein, wenn sie Hilfe braucht.

Immer wieder habe ich Familienfeiern abgesagt, weil ich zu verkatert war oder ich es mal wieder körperlich nicht hinbekommen habe, zu erscheinen. Ein geschätztes Mitglied deiner Familie zu sein, bei dem alle wissen, dass sie sich auf dich verlassen können, dir vertrauen und dich um Hilfe bitten können, gehört zu den besten Aspekten des Nüchternseins!

All die Jahre, in denen meine Mutter und mein Vater sich um mich, den betrunkenen Sean, gekümmert haben... Nun, der nüchterne Sean und seine Fähigkeit, voll präsent und verlässlich zu sein, kann nun endlich auch etwas zurück geben.

Wenn du jedes Wochenende trinkst (und Drogen nimmst), machst du dir nie Gedanken über deine Mitmenschen. Du denkst nie darüber nach, wie sehr du deine Liebsten verletzt, wenn sie dich Wochenende für Wochenende leiden sehen. Wenn du nüchtern wirst, kannst du den Schaden erkennen, den du verursacht hast, und ihn in Ordnung bringen, indem du den Alkohol aufgibst.

Taten sprechen lauter als Worte.

Wenn du jahrelang „verschwunden" warst, werden sie immer noch ihre Vorstellungen von deinem betrunkenen Ich haben, auf Grundlage dessen, wie du dich verhalten hast. Das ist ganz normal. Ihre Wahrnehmung wird sich nur durch nachhaltiges

Handeln ändern, z. B. indem du nüchtern bleibst. Alles, was du ihnen sagst, prallt ab, weil sie es schon oft gehört haben.

Der Sober Glow ist etwas, das Familien deutlicher sehen als alle anderen. Sie sind diejenigen, die dich großgezogen haben. Sie haben dich in deinen besten und schlechtesten Zeiten gesehen und dann, wenn du nüchtern wirst. Dein nüchternes Erwachen spüren sie genauso sehr wie du.

Eines ist gewiss: Der Verzicht auf Alkohol wird die Beziehungen in deiner Familie nicht verschlechtern. Die Chancen stehen gut, dass sie sich auf eine Weise positiv entwickeln, wie du es noch nie erlebt hast.

Als Nächstes wenden wir uns der wichtigsten Beziehung von allen zu: der Beziehung zu dir selbst.

Kapitel 4:

Wechselwirkungen
des nüchtern seins

Zuvor ging es um den Teufelskreis von betrunken, verkatert, bankrott zu niedergeschlagen... und dann alles noch mal von vorne. Das ist der Weg, den ich jahrelang gegangen bin.

Am Ende war ich ein Zombie. Schon lange vorher wurde ich zum Passagier statt zum Piloten meines eigenen Lebens. Wer regelmäßig trinkt, ist gut darin, über alles Mögliche zu sprechen, was er oder sie erreichen möchte – immer wieder – aber nicht darin, es zu erreichen.

Es ist ganz einfach, sich vorzumachen, dass du „erfolgreich" bist, weil du jedes Jahr schaffst, ohne gekündigt zu werden. Aber so tust du nur, was du tun musst, und nicht, was du tun könntest.

Schauen wir uns an, wie viel Zeit du durch einen Kater verlierst.

Auskatern kostet Zeit

Der Kater nach dem Trinken vernichtet dein Potenzial. Wer verkatert ist, stürzt sich nicht in neue Ideen und Projekte – sondern auf das Sofa.

Wir sind bereits ausführlich auf die verschiedenen negativen Teufelskreise eingegangen, die der Alkohol auslöst. Sie führen zu schwacher Energie, schlechter körperlicher und geistiger Gesundheit, einem miserablen Kontostand und ein fehlendes Selbstwertgefühl. Es ist ein Leben „für das Wochenende" – und ein Schlafwandeln durch den Rest der Woche.

Zählst du die verlorene Zeit zusammen, wirst du einen Schreck bekommen.

Nehmen wir an, du verbringst nur drei Tage pro Woche damit, auszugehen. Du planst es, gehst aus und erholst dich vom Ausgehen (Kater). Das ist schon eine drastische Untertreibung.

Diese drei Tage pro Woche summieren sich auf 156 Tage im Jahr – jedes Jahr.

Es gibt enorm viel, was du in dieser Zeit tun könntest: lernen, lesen, die Welt erkunden und an den Lebensbereichen arbeiten, die du verbessern möchtest, wie z.B. deine Fitness und Selbstfürsorge.

Genauso wie regelmäßiger Alkoholkonsum einen Effekt hat, der dein Leben immer mehr verschlechtert, hat der Verzicht auf Alkohol den Effekt, dass es stetig besser wird. Anstelle von einem leeren Gefühl, Frustration und Niedergeschlagenheit spürst du allmählich mehr Inspiration, Energie und Positivität.

In der Einleitung habe ich mit dem Zitat begonnen, dass „der Alkoholverzicht alles hält, was der Alkohol verspricht". Die Zeit, die du zurückbekommst, wenn du dich vom Trinken befreist, spielt eine große Rolle dabei, dass das wahr wird.

Überlege dir, wie du ein neues Jahr mit einer Reihe von Zielen beginnst: „Ich möchte dieses Buch lesen/dieses Gewicht verlieren/diesen Kurs machen/dieses Training erlernen/diese Kunst kreieren/mit Yoga beginnen/diesen Ort entdecken". Viel zu oft gelingt es Trinkenden nicht, diese Ziele zu erreichen. Zusätzlich müssen sie sich mit der Frustration und dem verminderten Selbstwertgefühl durch das Nichterreichen dieser Ziele auseinandersetzen.

In der Zwischenzeit schaffen andere, mit dem Luxus von 156 oder mehr „Extratagen" pro Jahr all das und noch mehr.

Schon kurz nachdem du mit dem Trinken aufgehört hast, fühlst du dich besser – körperlich, geistig und emotional – und mit der Zeit wird es immer besser.

Wie die meisten Menschen, die den Dry January ausprobiert haben, bestätigen werden, hast du nach ein paar Wochen neue Energie für das Leben und merkst, wie viel mehr Zeit du ohne Kater hast. Es gibt Menschen, die das Ende des alkoholfreien Januars mit einer großen Sause feiern (bevor sie wieder zu ihren alten Gewohnheiten zurückkehren). Leider ist ihnen dabei nicht klar, dass das Beste noch vor ihnen gelegen hätte.

Der kombinierte Effekt der Entscheidung, jeden Tag nüchtern zu sein, im Vergleich zu einem Kater bis zur Hälfte der Woche, ist UNFASSBAR effektiv, um dein Leben zu verändern. Anonyme Selbsthilfegruppen sprechen von „nur für heute" und der Kraft, sich24 Stunden lang darauf zu konzentrieren, nüchtern zu bleiben. Wenn du das aber über Wochen, Monate und Jahre hinweg immer wieder tust, wirst du feststellen, welche erstaunlichen Erfolge du auf deinem Weg erreicht hast.

Der Life-Coach-Effekt

Den Life-Coach-Effekt habe ich in der sogenannten Sober Community oft beobachtet. Einige, die mit dem Trinken aufgehört haben, werden später Life Coaches, Personal Trainer, Therapeuten oder Yogalehrer.

Anfangs habe ich es gehasst, all die „selbstgerechten" Leute zu sehen, die predigen, wie viel besser das Leben ist, wenn man nüchtern ist. Viele AA-Treffen und Online-Communitys für Nüchterne verließ ich mit dem Gedanken: „Was für ein Haufen Idioten!"

Als ich dann immer länger trocken war, fing ich an, an mich zu glauben – zum gefühlt ersten Mal in meinem Leben.

Schließlich verließ ich die Unternehmenswelt, gründete meine eigene Firma, absolvierte eine Weiterbildung zum Life Coach, qualifizierte mich zum Trainer für Kraft & Konditionierung und machte eine Ausbildung zum Psychotherapeuten und Yogalehrer! Ich schätze, ich bin jetzt einer dieser Idioten! Doch Spaß beiseite: Die Energie, die ich brauchte, um mich in all diesen neuen Berufen zu qualifizieren und ein Unternehmen zu gründen, das mir ein tolles Leben ermöglicht, verdanke ich der Nüchternheit.

Sobald du etwas Gutes entdeckst, möchtest du, dass andere es auch erleben. Vor allem, wenn es die Art von echter Zufriedenheit hervorruft, nach der du jahrelang gesucht hast. Das ist der Life-Coach-Effekt in Aktion. Meine Liebe zum Sport und die Art und Weise, wie er mir geholfen hat, mich als Person zu verändern, sind der Grund, warum ich jeden Morgen um 5 Uhr aufstehe, um anderen zu helfen, stärker und fitter zu werden.

Ich erwähne diesen Effekt, weil ich immer wieder erlebe, wie Menschen, die nüchtern werden, unglaubliche Veränderungen durchlaufen. Sie wachen plötzlich mit Sinn und Antrieb auf – ein Gefühl, das sie nie für möglich gehalten hätten, bevor sie nüchtern geworden sind.

Wenn du nach einer kompletten Veränderung suchst und dich in die wachsende Liste nüchterner Trainer einreihen möchtest, um Personal Trainer, Life Coaches, Yogalehrer und so weiter zu werden, könnte der Verzicht auf Alkohol die entscheidende Zutat sein.

Natürlich liebe ich meinen Job, aber es dorthin zu schaffen, war schwierig und der Wechsel in einen neuen Beruf war harte Arbeit. Wenn du Alkohol und Drogen aufgegeben hast, hast du das Gefühl, als wärst du in einer Welt voller Abhängigkeiten derjenige, der eine „Superkraft" hat. Diese Superkraft ermöglicht dir, dass du an dich selbst glaubst und gibt dir das Gefühl, dass alles möglich ist.

Der unbändige Tatendrang und die Energie, die du bekommst, wenn du konsequent nüchtern bist (wieder dieser kombinierte Effekt), sind der Treibstoff für den Life-Coach-Effekt, der dir dabei hilft, erstaunliche Veränderungen zu bewirken.

Wenn du dich mit viel positiver Energie und Tatkraft dafür einsetzt, einen Bereich deines Lebens umzukrempeln, ohne dass dir Kater und Schuldgefühle in die Quere kommen, kannst du sehr schnell einiges bewirken. Lebensprojekte, die jahrelang in weiter Ferne schienen, kannst du plötzlich in ein paar Monaten erreichen.

Vielleicht ist dein Leben so langweilig geworden, dass du bereit bist, alles zu probieren. Der Verzicht auf Alkohol könnte der Anstoß sein, den du brauchst, um dich selbst zu verändern - sei es körperlich, geistig, durch einen Berufswechsel oder eine komplette Umgestaltung aller Lebensbereiche.

Ich wäre nicht da, wo ich jetzt bin, wenn ich alles alleine machen würde. Hilfe zu bekommen und andere Menschen an sich heranzulassen, war ein wichtiger Schritt auf meinem Weg – und auch unser nächstes Etappenziel.

Sich helfen lassen

Wenn du es mit deiner persönlichen Entwicklung ernst meinst (und da wir nur ein Leben haben, solltest du das), lohnt es sich, über eine Therapie nachzudenken. Zumindest solltest du daran arbeiten, zu verstehen, warum der Alkohol ein so bedeutender Teil deines Lebens geworden ist.

Es war bei weitem nicht alles einfach, als ich nüchtern wurde. Um herauszufinden, warum ich überhaupt so viel getrunken hatte, brauchte ich eine Menge Hilfe von außen. Süchtig zu sein war nicht die Antwort auf meine Probleme. Die Sucht war ein vorübergehendes Pflaster für tiefer sitzende Konflikte.

Durch Alkohol und Drogen konnte ich den Schmerz betäuben. Als ich dann nüchtern wurde, brauchte ich eine Menge Unterstützung, um zu verstehen, wer ich wirklich war.

Alkohol blockiert deine Emotionen. Dich selbst und deine Emotionen nüchtern zu verstehen, kann einschüchternd und völlig ungewohnt sein. Viele

Menschen tun es wie ich und beginnen ihr Erwachsenenleben mit Alkohol als Krücke. Damit meine ich, dass du noch nicht gelernt hast, wie man als erwachsene Person nüchtern und „ohne Hilfsmittel" lebt.

Es ist ein bisschen wie bei einem neugeborenen Baby, das zum ersten Mal die Welt verstehen möchte. Das Ganze allein zu bewältigen, kann hart sein. Beratungen, Therapien und Coachings können dich ebenso unterstützen wie anonyme Gruppen (dazu später mehr) und Online-Communitys.

Die Zeit in der Reha und das 12-Schritte-Programm haben mir geholfen, damit fertig zu werden, dass ich seit meinem 15. Lebensjahr keine Woche mehr ohne Alkohol oder Drogen verbracht hatte. Wie sollte ich jemals wissen, wer ich wirklich war, wenn mein Standardverhalten darin bestand, Alkohol oder Drogen zu nehmen, um meine Emotionen zu kontrollieren?

Wenn etwas schwierig wurde, aktivierte ich den „Sch** drauf"-Knopf und ließ dann so richtig die Sau raus. Nichts wurde dadurch jemals gelöst. Stattdessen kehrte ich meine immer länger werdende Liste von Problemen unter den Teppich und betäubte mich mit Alkohol, Drogen, Essen, Glücksspiel und allem anderen, was mich ablenken konnte.

Nachdem ich 17 Jahre lang meinen Emotionen ausgewichen und schließlich in der Reha gelandet war, wurde ich damit konfrontiert, diese Gefühle aufzuarbeiten, anstatt sie weiterhin zu ignorieren. Ich musste die emotionale Intelligenz aufbauen, die ich seit meinen Teenagerjahren vernachlässigt hatte.

Als ich mit dem Alkohol aufhörte, haben mir die regelmäßigen Gespräche mit meinem Therapeuten das Leben gerettet (danke nochmal Patrick!). Als „typischer" Mann, der seine Emotionen irgendwo in den Tiefen des Weltalls verborgen hielt, war es für mich eine totale Umstellung, ehrlich und offen über mein Leben sprechen zu können. Tatsächlich hatte ich das noch nie zuvor getan. Dennoch war die Erleichterung, die ich verspürte, wenn ich einem völlig Fremden erzählte, wie ich mich WIRKLICH fühlte, unbeschreiblich.

Die Arbeit an Herausforderungen im eigenen Kopf und im eigenen Leben mit jemandem, der dafür ausgebildet ist, dir in diesem speziellen Bereich zu helfen, hat meine Einstellung zum Coaching für immer verändert.

Sobald du den richtigen Coach für dich ausgewählt hast – egal, ob es sich dabei um Sober Coaching, Personal Training, Therapie, Business Coaching, Sex-Coaching oder was auch immer handelt – erzielst du enorme Fortschritte. Als ich nüchtern wurde, erkannte ich, wie wertvoll es ist, sich von anderen helfen zu lassen. Du bezahlst sie für ihre Erfahrungen und sparst dir so Zeit, Geld und Frustration.

Es mag wie ein Eingeständnis von Schwäche klingen, um Hilfe zu bitten, wenn du den Alkohol aufgibst. Aus meiner Erfahrung heraus kann ich dir aber versichern, dass dies die wirksamste Maßnahme war, die ich je ergriffen habe. Wenn du deine liebste „Medizin" aufgibst und ein emotionales Chaos erlebst, kann ich dir nur empfehlen, dich jemandem zu öffnen, der dich auf deinem Weg zu einem besseren Leben begleitet.

Noch beängstigender, aber genauso befreiend, ist einer Gruppe von fremden Menschen zu erzählen, was du fühlst! Bei Gruppentreffen der Anonymen Alkoholiker war ich verängstigt, wütend, traurig, glücklich – und zwar bevor das Treffen überhaupt begonnen hatte. Aber sobald das Treffen stattgefunden hatte, spürte ich ein Gefühl der Gelassenheit. Wenn du hörst, dass andere die gleichen Herausforderungen haben wie du, ist das ungemein beruhigend und erleichternd.

Das 12-Schritte-Programm, der wichtigste Bestandteil der Anonymen Alkoholiker, ist wie ein spiritueller Werkzeugkasten für persönliches Wachstum. Wenn du die Unterstützung der Gemeinschaft brauchst, dann wird dir das 12-

Schritte-Programm helfen, ein besserer Mensch zu werden.

Bei den Treffen der Anonymen Alkoholiker ging es genauso um persönliches Wachstum wie bei meinem Therapeuten, meinem Personal Trainer und den Büchern zur Persönlichkeitsentwicklung. Das war alles wahnsinnig unangenehm, aber bald merkte ich, dass in der Komfortzone nichts wachsen kann. All diese Erfahrungen haben mich als Person widerstandsfähiger gemacht.

Auch das Treffen mit neuen, nüchternen Freunden, die ich auf Instagram kennengelernt habe, schien mir erst einmal befremdlich und eine Erfahrung, die ich nicht gemacht hätte, wenn ich verkatert geblieben wäre, statt nach einem besseren Lebensstil Ausschau zu halten.

Ich spreche diese Dinge hier an, weil das persönliche Wachstum einen wichtigen Teil des Nüchternseins auf einem alkoholisierten Planeten ausmacht. Es ist spannend und beängstigend zugleich. Das ist weit entfernt von der Monotonie von Trinken, Drogen, Kater, Reue und dem ständigen negativen Kreislauf.

Wenn es dich nicht herausfordert, verändert es dich nicht.

Der Verzicht auf Alkohol ist eine große Herausforderung, besonders in dieser alkoholisierten Welt. Doch schon bald wirst du widerstandsfähiger und führst ein neues Leben, auf das du stolz sein kannst.

Alkoholfreie Errungenschaften

Viele Menschen, die mit dem Trinken aufhören wollen, befürchten, sich ohne Alkohol zu „langweilen". Der inspirierende Gedanke an 156 zusätzliche Tage im Jahr wird von der Angst vor der Langeweile überschattet.

Ich kann dir versichern, dass dieses Gefühl nicht von Dauer ist. Sobald du anfängst, große und kleine Erfolge zu verzeichnen, wünschst du dir bald, mehr freie Tage zu haben.

Sich dem Leben auf Augenhöhe zu stellen ist beängstigend. Ein nüchternes Leben lehrt dich jedoch wahre Widerstandsfähigkeit. Jedes Mal, wenn du etwas ohne die „Hilfe" des Alkohols erreichst, baust du ein kleines Stück mehr Selbstvertrauen auf. So entsteht ein solides, echtes, unerschütterliches Fundament.

Je stabiler dieses Fundament ist, desto mehr glaubst du an dich selbst und desto eher bist du bereit, dich an die „größeren Dinge „ zu wagen.

Es geht darum, die Dinge zu finden, die dich interessieren: Ließ Ratgeber, besuche Kurse, höre dir Hörbücher auf Audible an – alles, was du benötigst, um den Dingen, die du möchtest, einen Schritt näher zu kommen. Du kannst buchstäblich alles tun.

Sicher, auch ein nüchternes Leben kann langweilig sein, wenn du dich hartnäckig weigerst, etwas zu tun. Jedes Mal, wenn du deinen Computer startest, hast du Zugriff auf das gesamte Wissen der Welt. Du kannst sofort Musikproduktion,

Gourmetkochen, Boxen, tantrischen Sex, Webdesign, Pilates, kreatives Schreiben, Programmieren oder eine Fremdsprache lernen... die Liste lässt sich endlos fortsetzen.

Wie gesagt, du hast nur ein Leben.

Es kann einige Zeit dauern, bis du feststellst, was du erleben, erlernen oder tun möchtest – vor allem, wenn du so sehr mit dem Trinken beschäftigt warst, dass du vergessen hast, wie man träumt. Aber das ist OK.

Persönliches Wachstum bedeutet für jeden etwas anderes, aber mit der Zeit läuft es auf bestimmte Ziele hinaus.

Als ich es geschafft hatte, clean und nüchtern zu bleiben, gab es für mich nur ein Ziel: Ich wollte raus aus meinem Arbeitsumfeld und einen Job finden, den ich wirklich mochte! Danach bemerkte ich eine Art Schneeballeffekt, der zu größeren und ehrgeizigeren Zielen führte. Langweilig wird es nicht, das kann ich dir versichern.

Nüchtern auf einem alkoholisierten Planeten

Wenn du erst anfängst, deine Ziele wirklich zu erreichen, ist der neue Kreislauf nicht mehr aufzuhalten. Je mehr Ziele du erreichst, desto mehr Selbstvertrauen hast du. Deshalb ist es wahrscheinlicher, dass du das nächste Ziel in Angriff nimmst (und damit erfolgreich bist). Es macht Spaß, auf ein einziges Jahr zurückzublicken und zu sehen, dass du eine ganze Reihe von Plänen verwirklichen konntest, obwohl du zuvor ein Jahrzehnt lang keine Fortschritte gemacht hast.

Lass uns kurz auf die Alternative zurückkommen, die wir zu Beginn dieses Buches durchgespielt haben: ein Kreislauf aus durchzechten Nächten, Kater, schlechter Laune, verworfenen Plänen und aufgegebenen Träumen.

Du hast die Wahl, in welchem Kreislauf du weitermachen möchtest. Das bringt uns zu der These, die ich gleich zu Beginn aufgestellt habe: Mit dem Trinken aufzuhören bedeutet nicht, dass du etwas Gutes aufgibst – du tauschst einfach eine Art von Leben gegen ein besseres ein. Du wirst

162

niemanden kennenlernen, der nüchtern ist und sich sein altes Leben zurückwünscht.

Im nächsten Kapitel sprechen wir weiter über persönliches Wachstum, dieses Mal auf der spirituellen Ebene.

Mehr Gesundheit, mehr Geld, bessere Beziehungen und mehr Erfolg haben wir schon thematisiert. Was wäre, wenn du darüber hinaus Glück auf einer noch tieferen Ebene erleben könntest, egal ob du an einen Gott glaubst oder religiös bist?

Im nächsten Kapitel geht es um Spiritualität.

Kapitel 5:

Nüchternes Aufwachen

Ein Leben für das Wochenende bedeutet ein trostloses Dasein. Dennoch leben viele Menschen so und finden sich damit ab.

Das Leben kann sehr eintönig sein, vor allem, wenn du in einem Job arbeitest, der dir keinen Spaß macht. Du machst ihn nur, weil du verkatert auftauchen kannst und trotzdem bezahlt wirst. Du hältst die tristen Arbeitstage beziehungsweise die Arbeitswoche durch, bis du dir endlich ein Glas Wein oder ein Feierabendbier gönnen kannst – das ist seelenlos und leer.

Wichtig ist, dass du dir keine Vorwürfe machst, wenn es in deinem Leben so aussieht. Wir sind alle darauf konditioniert, das für normal zu halten, deshalb heißt es ja auch „Happy Hour" und „Wine O'clock". Das Jahr hat aber 365 Tage, und nur 104 davon sind Wochenenden. Wäre es nicht lohnenswert zu lernen, wie du die restlichen 261 Tage mit Freude erleben kannst?

In den 12 Jahren, die ich in der Unternehmenswelt verbracht habe, war mein Leben langweilig und vorhersehbar: Aufstehen, zur Arbeit gehen, zu Mittag essen, zusehen, wie die Uhr von 14.00 Uhr bis 17.00 Uhr herunterläuft (wenn es fast so scheint, als würde die Zeit stehen bleiben), und dann schnell verschwinden – entweder nach Hause oder in eine Bar.

Mein vorrangiges Ziel war es, durch den Tag zu kommen und dabei etwas zu arbeiten. Ich wollte das Jahr überstehen und dabei gerade genug tun, um einen Bonus zu bekommen.

Mit diesem Bonus kaufte ich „Dinge", die meine Seele nicht nährten. Mit ihnen konnte ich für einen Moment so tun, als wäre ich glücklich mit meinem Leben. Es war eine seelenlose Existenz. Damit ich nicht merkte, wie langweilig und seelenlos das eigentlich war und um mich weiter zu betäuben, nahm ich Alkohol und Drogen.

Wir sind darauf konditioniert zu glauben, dass materielle Dinge (wie die, die ich mit meinem Jahresbonus gekauft habe) diese Leere füllen können. Doch wenn das wahr wäre, gäbe es keine unglücklichen reichen Menschen!

Ein Leben für das Wochenende ist ein bisschen wie ein Hamsterrad. Ein Börsenmakler, der die ganze Woche arbeitet und mit Champagner, Kaviar und Kokain „feiert", unterscheidet sich kaum von jemandem, der für einen Mindestlohn schuftet, um ein paar Abende in seiner Stammkneipe zu verbringen. Am Ende geht es um kaum mehr als um teurere Drogen und edlere Lokalitäten.

Meine Zeit in der Unternehmenswelt habe ich hinter mir. Nach einigen Jahren der Nüchternheit verspürte ich den starken Drang, etwas anderes zu machen. Schließlich war ich in einer Position, in der ich mir die „Dinge" leisten konnte: ein größeres Haus, ein größeres Auto. Alles, was ich tun musste, war, länger zu arbeiten, mehr Stress zu haben und mich alle paar Monate auszubrennen.

Aber egal, wie sehr ich mich anstrengte, die Arbeit hinterließ bei mir ein Gefühl der Leere. Der Verzicht auf Alkohol ließ mich erkennen, dass diese Arbeitswelt meine Seele nicht nähren konnte und sie stattdessen leer zurückließ.

Was ist Spiritualität?

Werfen wir einen Blick auf die Definition von Spiritualität:

Spiritualität: "die Qualität, sich mit dem menschlichen Geist oder der Seele zu beschäftigen, im Gegensatz zu materiellen oder physischen Dingen" (Oxford Languages).

Diese Definition bezieht sich in keiner Weise auf einen Gott. Unabhängig davon, ob du ein gläubiger Mensch bist, einer Religion angehörst oder nicht, hast du eine Seele, die entweder genährt oder vernachlässigt wird. Weder Alkohol noch materielle Dinge können deine Seele nähren.

„Work hard, play hard" – der Lebensstil, dem viele Menschen stolz nachgehen, nährt die Seele nicht. Es liegt an etwas so Einfachem wie der Tatsache, dass man mit Geld kein Glück kaufen kann – genauso wenig wie mit größeren Häusern, schnelleren Autos oder einem teuren Urlaub.

Bei diesem Lifestyle brennt man irgendwann aus und führt ein zunehmend materialistisches Leben. Nichts davon steht in direktem Zusammenhang mit Glück und Zufriedenheit.

Alkohol ist mit all dem stärker verbunden, als es auf den ersten Blick scheint. Der Konsum von Alkohol (und anderen Drogen) kann dich zu einem passiven Teilnehmer im Rennen im Hamsterrad machen. Von Montag bis Freitag geht es darum, die Arbeit zu erledigen und Geld zu verdienen. Samstag und Sonntag dienen dazu, abzuschalten und die Monotonie des Alltags zu vergessen – wie soll sich da etwas ändern?

Der Verzicht auf Alkohol schafft den Raum, in dem sich etwas ändern kann und durchbricht den Kreislauf. So kannst du dich damit auseinandersetzen, was es bedeutet, sich um deine Seele zu kümmern – mit oder ohne einen Gott.

Für ein ausgeglichenes und zufriedenes Leben spielen drei Aspekte eine Rolle: Geist, Körper und Seele. Du kannst sie dir als drei Schalen vorstellen, die gefüllt bleiben sollten.

Oft denken wir nur an die ersten beiden Schalen. Wir konzentrieren uns darauf, gut auszusehen und „die Besten" zu sein (Körper und Geist). Dabei vergessen wir die Seele. Der Materialismus spielt dabei eine wesentliche Rolle. Viele gehen (fälschlicherweise) davon aus, dass es um die Größe ihres Hauses, ihren Job oder ihre Urlaubsorte geht, wenn sie gut aussehen und „die Besten" sein möchten.

Wenn du in einer alkoholisierten Welt nüchtern bleiben möchtest, solltest du aufwachen und erkennen, dass die dritte Schale ebenso wichtig ist.

Es spielt keine Rolle, wie viele Nullen du auf deinem Bankkonto hast, wenn du die Schönheit der Welt um dich herum nicht wahrnimmst und deine Seele vernachlässigst. Du bleibst trotzdem unglücklich.

Spiritualität bedeutet für verschiedene Menschen unterschiedliche Dinge. Für die einen geht es um die Verbindung mit der Natur. Andere möchten lernen und ihre Persönlichkeit weiterentwickeln. Manche Menschen nähren ihre Seele, indem sie sich ehrenamtlich engagieren und sich für Dinge einsetzen, die ihnen am Herzen liegen. Wieder andere finden bei Aktivitäten wie Yoga und Meditation einen inneren Frieden. Und ja, für manche hat es auch mit Religion zu tun.

Spirituelle Lösungen für seelenlose Existenzen

An diesem Punkt bietet es sich an, auf die Anonymen Alkoholiker und andere 12-Schritte-Programme einzugehen. Ich möchte betonen, dass die Anonymen Alkoholiker nicht jeden

ansprechen, doch für viele spielen sie eine große
Rolle bei der spirituellen Seite des Nüchternseins.

Die 12 Schritte waren für mich tatsächlich
transformierend und haben meine Sicht auf das
Leben nachhaltig verändert. Ich würde nicht
übertreiben, wenn ich sagen würde, dass sie zu
meinem spirituellem Erwachen geführt haben.

Die Anonymen Alkoholiker wurden 1935 von
einem Börsenmakler (Bill Wilson) und einem
Chirurgen (Dr. Bob Smith) gegründet. Beide
hatten eine schwere Abhängigkeit vom Alkohol
entwickelt.

Seit dem das 12-Schritte-Programm geschaffen
wurde, das die Grundlage für den „spirituellen
Ansatz zur Genesung" der AA bildet, hat sich das
Konzept auf alle möglichen anderen
Abhängigkeiten ausgedehnt. Heute gibt es Cocaine
Anonymous, Narcotics Anonymous, die Anonymen
Sexsüchtigen, die Anonymen Esssüchtigen, die
Anonymen Glücksspieler und viele mehr.

Der „spirituelle" Charakter des 12-Schritte-Programms führt zu einigen Missverständnissen. Die Erwähnung von „Gott" und einer „höheren Macht" erzeugt bei manchen Menschen das Missverständnis, dass AA eine religiöse Gruppe ist. Die Anonymen Alkoholiker selbst betonen, dass dies nicht der Fall ist. (Anonyme Alkoholiker).

Auch wenn die AA ihren Ursprung in einer christlichen Gruppe haben, ist das Programm spirituell, aber nicht religiös. Unterschiedlichste Menschen, darunter Buddhisten, Atheisten und Agnostiker, nehmen an den 12-Schritte-Programmen teil (und profitieren enorm davon).

Die 12 Schritte führen dich unter anderem dazu, dir einzugestehen, dass du ein Problem hast. Du lernst, einer „Macht, die größer ist als du selbst" zu vertrauen, eine moralische Bestandsaufnahme zu machen, deine Fehler zu korrigieren und anderen zu helfen, die Ähnliches durchmachen.

Millionen Menschen mögen es, methodisch „die Schritte abzuarbeiten". Dazu gibt es jedoch keine

Verpflichtung. In den Richtlinien der Anonymen Alkoholiker heißt es: "Von Neuankömmlingen wird nicht verlangt, dass sie die Zwölf Schritte in ihrer Gesamtheit annehmen oder befolgen, wenn sie sich dazu nicht bereit oder in der Lage fühlen".

Falls du dich besch**** fühlst und das Gefühl hast, dass deine Seele einen Neustart braucht, helfen dir 12-Schritte-Programme, so wie Millionen von Menschen weltweit. Solltest du tatsächlich in der Sch** stecken, so wie ich es tat, bist du bereit, alles zu versuchen. Anonyme Gruppen sind ein guter Ort, um dein Innerstes zu entdecken.

Es gibt absolut nichts, was dich davon abhalten könnte, die Sache einfach mal auszuprobieren. Online-Treffen sind heute gang und gäbe. So brauchst du nicht einmal dein Haus zu verlassen, wenn du das nicht möchtest. Für einen detaillierten Einblick in das 12-Schritte-Programm bietet Russell Brands Buch „Die 12 Schritte aus der Sucht" einen guten Einstieg.

Auch wenn die „höhere Macht" für manche ein Hindernis ist, hat es meine Sicht auf die Welt völlig verändert.

Ich werde kurz erklären, was „höhere Macht" für mich bedeutet, denn sie hat mir viel Stress erspart und mir ermöglicht mir, als Person zu wachsen.

Eine „höhere Macht" anzuerkennen bedeutet, zu verstehen, dass du nur das kontrollieren kannst, was du auch tatsächlich kontrollieren kannst. Alles, was darüber hinausgeht, solltest du einer „höheren Macht" überlassen. Es ist egal, welche Form diese Macht für dich hat. Das kann das Schicksal, Gott, das Universum oder jede andere Interpretation sein – du entscheidest. Es kann so einfach sein wie die Erkenntnis, dass es eine ganze Reihe von Dingen gibt, die du persönlich nicht beeinflussen kannst.

Es geht darum, zu akzeptieren, dass es Situationen gibt, die sich deiner Kontrolle entziehen. Ansonsten führt das nur zu Frustration und Wut, da du keinen Einfluss auf das Endergebnis hast.

Das wäre, als würdest du mit dem Kopf gegen eine Wand schlagen.

Viele gehen davon aus, dass mit „höhere Macht" Gott gemeint ist. Das hatten die Gründer der Anonymen Alkoholiker zwar ursprünglich auch im Sinn, aber die Organisation hat sich weiterentwickelt. Menschen aus allen Gesellschaftsschichten nehmen daran teil und haben ganz unterschiedliche Überzeugungen. Lass dich also nicht durch diesen Irrtum davon abhalten, die 12 Schritte auszuprobieren.

Alkohol und Drogen haben die Person verändert, die ich war. Der nüchterne Sean ist nicht dieselbe Person wie der alkoholabhängige Sean. Die 12 Schritte haben mir ermöglicht, das zu erkennen und meine Muster zu durchschauen. Vor allem aber haben sie mir ermöglicht, mir selbst zu vergeben und mein altes Ich hinter mir zu lassen.

Auch andere haben mir verziehen. So einschüchternd es sich zunächst für mich anfühlte, die Menschen, die ich verletzt hatte, um

Verzeihung zu bitten (der neunte Schritt), war das der lohnenswerteste Teil von allen. Es war der Schlüssel, um in meinem neuen Leben voranzukommen. Trotzdem will ich nicht leugnen, dass das eines der furchterregendsten Dinge war, die ich je getan habe.

Ich kann es nicht anders beschreiben als einen spirituellen Moment. Alles, was ich beim Absolvieren der 12 Schritte gelernt habe, ließ endlich „den Groschen fallen" und half mir, meine Sucht zu verstehen. Mir wurde klar, wie der Alkohol mit allen schlechten Entscheidungen verbunden war.

Wie schon erwähnt, sind die 12 Schritte nicht für alle geeignet. Für mich waren sie ein wichtiger Teil meines Weges. Dein Weg braucht nicht derselbe zu sein wie meiner.

Es gibt viele andere Lektionen, die du abseits der 12-Schritte-Programme lernen kannst. Vielleicht findest du deine Seele in der Musik, in der karitativen Arbeit oder in Yoga und Meditation.

Du wirst eine Menge Zeit haben, um herauszufinden, was deine Seele zum Singen bringt, also warum nicht alles ausprobieren, was dein Interesse weckt?

Es gab ein paar wichtige Lektionen, die ich abseits der Struktur der Anonymen Gruppen gelernt habe: Genauso transformierend wie die 12 Schritte war es, die Rolle meines Egos und den Einfluss, den es auf mein Leben hat, zu verstehen.

In diesem Zusammenhang empfehle dringend, „Eine neue Erde" von Eckhart Tolle zu lesen (oder zu hören) - ein Buch, das für mich eindeutig zur Kategorie „lebensverändernd" gehört.

Alle, die schon einmal freitagabends durch die Straßen gezogen sind, wissen, dass Alkohol und Ego nicht immer eine gute Mischung sind. Alkohol kann das Ego enorm aufblähen und regelmäßiger Alkoholkonsum – vor allem in einer alkoholisierten und materialistischen Welt – kann die Dinge schnell außer Kontrolle geraten lassen.

Auf dem Weg in mein nüchternes Leben und nach dem Lesen dieses Buches verstand ich endlich die Rolle meines Egos. Ich begann, auf eine gesunde Art und Weise damit zu arbeiten, anstatt das Ego mein Leben kontrollieren zu lassen.

Zu lernen, wie gut es ist, präsent zu sein (im Moment zu leben), war ebenfalls ein bedeutender Schritt auf meinem Weg.

Wenn du regelmäßig trinkst oder Drogen nimmst, ist es praktisch unmöglich, im Moment zu leben. Darin steckt eine gewisse Ironie, wenn du bedenkst, wie sehr wir uns einreden, dass es beim „Feiern" genau darum geht.

In Wirklichkeit verbringst du viel Zeit in der Vergangenheit: „Was habe ich getan? Was habe ich gesagt? Wie viel habe ich ausgegeben?" und in der Zukunft: „Wie soll ich mit diesem Kater zur Arbeit kommen? Wie soll ich meinem Vermieter sagen, dass ich ihm keine Miete zahlen kann, weil ich sie gestern Abend ausgegeben habe? Wann kann ich wieder anfangen zu trinken?".

Der Konsum von Alkohol und Drogen machte mein Leben permanent chaotisch, und im Chaos kann man nicht präsent sein. Ich machte mir ständig Sorgen um die Vergangenheit und die Zukunft. Das ist eine anstrengende Art zu leben.

Nüchtern habe ich gelernt, präsent zu sein, nicht zurück oder nach vorne zu schauen, sondern einfach das Jetzt zu genießen.

Wenn dich das Thema interessiert, wirst du ohne Probleme jede Menge Material über Achtsamkeit und das Sein im Hier und Jetzt finden. Das Thema ist in aller Munde, und das zu Recht, denn wenn du es einmal gemeistert hast, ist es extrem sinnstiftend. Ich empfehle auch Eckhart Tolles „Leben im Jetzt", ein weiteres Buch, das mein Leben verändert hat. Es hat mir geholfen, endlich nicht mehr zu viel zu grübeln.

Ich kann nicht über Spiritualität sprechen, ohne Yoga und Meditation zu erwähnen. Beides wird weithin als spirituelle Praxis angesehen.

Yoga ist eine Praxis für Körper, Geist und Seele. Es soll „geistige Klarheit und Gelassenheit schaffen, das Körperbewusstsein steigern, chronische Stressmuster abbauen, den Geist entspannen, die Aufmerksamkeit zentrieren und die Konzentration schärfen" (American Osteopathic Association).

Wie bei den Anonymen Alkoholikern ist Yoga wahrscheinlich etwas, das dich entweder inspiriert oder denken lässt: „Nein, keine Chance". Es ist aber gut zu wissen, dass schätzungsweise 300 Millionen Menschen weltweit Yoga praktizieren. (The Good Body). Ich kann mir schlecht vorstellen, dass all diese Menschen Yoga praktizieren und nichts davon haben.

Der Grund, warum Menschen Yoga machen, ist nicht nur, um toll auszusehen und sich in Posen mit ungewöhnlichen Namen zu bewegen. Es ist auch wunderbar reinigend für deinen Geist.

Wenn du dich auf deine Yogaübungen konzentrierst, während du dein Bestes versuchst, die Positionen zu halten und dich durch deinen

Flow zu bewegen, denkt dein Geist nicht an andere Dinge. Du kannst dich nur auf den gegenwärtigen Moment konzentrieren. Dazu gehört auch, dass du versuchst, in einem überfüllten Yogastudio nicht umzufallen, dir einen Muskel zu zerren oder – noch schlimmer – einen fahren zu lassen.

Falls du es noch nie gemacht hast, solltest du Yoga mal ausprobieren, denn du tust damit deinem Geist, deinem Körper und deiner Seele gleichzeitig etwas Gutes!

Noch einmal: Wenn du nicht trinkst, hast du viel Zeit, diese Dinge zu entdecken, und die geistige Klarheit, sie mit einem offenen Geist anzugehen.

Das Gleiche gilt für das Meditieren. Auch hier handelt es sich um eine spirituelle Praxis, die Hunderte von Millionen Menschen ausüben. Auch wenn du (noch) nicht überzeugt bist, 84 % der Menschen meditieren, um „Stress und Angst zu reduzieren" und es ist unwahrscheinlich, dass sie alle ihre Zeit verschwenden (FinancesOnline).

Keiner sagt, dass du irgendetwas davon tun musst. Der spirituelle Weg liegt ganz bei dir.

Wir reden hier nicht von einer binären Entscheidung. Du musst nicht entweder ein Partylöwe sein oder alles gegen eine Yogamatte und einen Kleiderschrank voller Lycra eintauschen. Es geht auch nicht darum, Geld und Status den Rücken zu kehren und nur noch ein „spirituelles Wesen" zu sein.

Erinnere dich an die drei Schalen mit den Bezeichnungen „Geist", „Körper" und „Seele". Es spielt keine Rolle, wie du sie füllen willst. Nichts spricht dagegen, reich und fit oder ein mächtiger CEO mit einer genährten Seele zu sein!

Erinnere dich nur daran, auch die dritte Schale zu füllen.

Möglicherweise inspirieren dich Schritte, die ich unternommen habe, dazu, „die Schale zu füllen". Doch ein entscheidender Teil des Spaßes an der Nüchternheit besteht darin, herauszufinden, was für dich das Richtige ist. Vielleicht ist es ein

Marathonlauf, ein paar Plattenspieler zu kaufen und DJ zu werden oder die ehrenamtliche Arbeit in einem Tierheim.

Es macht Spaß, herauszufinden, was dich in deinem Leben ohne Alkohol und Drogen „bewegt". Im nächsten Kapitel geht es um Spaß. Davon hast du noch viel vor dir.

Kapitel 6:

Nüchtern Ist NICHT langweilig

Ausgehen und trinken ist eine ziemlich verrückte Art von Spaß.

Du gehst aus und trinkst, denn das ist es, was Leute tun. Der Preis für eine durchzechte Nacht sind zwei oder drei Tage, in denen du dich schlecht fühlst – vielleicht auch länger, wenn du in die Jahre gekommen bist. Wie bereits erwähnt, hat das Ausgehen auch finanzielle Folgen für dich.

Also definiert sich eine „gute Nacht" dadurch, dass du eine Menge Geld ausgibst, dich nur an Teile des Abends erinnerst und dich danach tagelang besch*** fühlst (geistig und körperlich).

Das soll Spaß machen?!
Das Problem ist, dass wir auf einem alkoholisierten Planeten leben. Alkohol zu konsumieren, um Spaß zu haben, ist ein gesellschaftliches Phänomen. Wir leben in einer Welt mit Trinkkultur (obwohl „Kultur" ein ziemlich großes Wort für so einen Blödsinn ist).

Die Gesellschaft erwartet von dir, dass du „Spaß" hast, indem du ausgehst und trinkst. Milliarden werden für Alkoholwerbung ausgegeben, um die „Kultur" am Laufen zu halten.

Es ist nicht deine Schuld, wenn du nicht weißt, wie du ohne Alkohol Spaß haben kannst. Trinken wird als etwas angesehen, das man erst im Erwachsenenalter tun darf. Wir sind praktisch darauf konditioniert, die vielen anderen Arten von Spaß und Vergnügen zu vergessen.

Die Konditionierung sitzt tief und das ist der Grund, warum Nichttrinken manchmal als „langweilig" angesehen wird. Manche Leute nennen dich sogar „langweilig", wenn du aufhörst, dich der Trinkkultur anzupassen (Was du dagegen tun kannst, haben wir ja bereits in dem Kapitel über Beziehungen angeschnitten).

Zunächst einmal sorgt Alkohol für ein wenig oberflächlichen Spaß. Er reduziert deine Hemmungen und gibt dir einen Schuss Selbstvertrauen. Vielleicht magst du sogar den Geschmack (obwohl ich ihn nie wirklich mochte).

Leider hört der Spaß irgendwann auf, und wenn er aufhört, ist wirklich Schluss: Blackouts, kostspielige Partynächte, eine angeschlagene geistige und körperliche Gesundheit und die Auswirkungen all der schlechten Entscheidungen, die mit dem Trinken einhergehen wie Drogen, Glücksspiel, Promiskuität und ungesundes Essen.

Das Verrückte daran ist, dass Millionen von Menschen weiter trinken, obwohl sie diese Auswirkungen immer wieder gesehen und selbst durchlebt haben.

Das zeigt, wie tief diese Kultur in uns verwurzelt ist. Wir haben uns damit abgefunden, dass Vergnügen all diese unerwünschten Folgen hat –

und potenziell noch viel Schlimmere. Alle kennen die Beispiele von Amy Winehouse, Oliver Reed, Billie Holiday, Avicci, Heath Ledger und vielen anderen. Das Ende ist absehbar – aber wir machen trotzdem weiter.

Zum Glück hat der nüchterne Spaß diese Konsequenzen nicht.

„Spaß" neu definieren

Wenn du mit dem Trinken aufhörst, hast du nicht nur viel Zeit, um deine Seele zu nähren, sondern auch, um die Zeit zu genießen und dich zu vergnügen. Meistens geht das sogar ineinander über. Wenn es für dich bedeutet, an einen aufregenden Ort zu fliegen und einen Berg zu besteigen, dann nährt das mit großer Wahrscheinlichkeit auch deine Seele.

Allerdings muss nicht alles, was du tust, einen spirituellen Sinn haben. Es ist deine Zeit – also mach mit ihr, was du möchtest.

Wie bei so vielen Vorzügen, die der Verzicht auf Alkohol mit sich bringt, geht es nicht nur um die Zeit und das Geld, die du sparst. Ein Kater ist kein Spaß. An den Wochenenden solltest du tatsächlich Spaß haben, anstatt ihn auszuschlafen.

Mit zunehmender „Nüchternheit" wächst auch dein Selbstvertrauen. Was dir einschüchternd vorkommt, wenn du zittrig bist, Schmerzen hast und nach Pub riechst, ist nicht einschüchternd, wenn du frisch aufgewacht bist und weißt, dass du einen Alkoholtest bestehen würdest. Vielleicht kannst du einen Fallschirmsprung buchen, dich auf ein Snowboard schwingen oder den Mut aufbringen, Muay Thai zu erlernen.

Sobald du beginnst, deinen Horizont zu erweitern und neue Aktivitäten zu unternehmen, stellst du schnell fest, dass es viele andere Menschen gibt, die das auch tun. Du wirst merken, dass eine

Parallelwelt mit anderen Menschen gibt – die gestern Abend nicht ausgegangen sind und keinen Kater haben.

Sobald du deinen ersten „brillanten Tag" oder deinen ersten „großartigen Abend" erlebst, an dem kein Tropfen Alkohol im Spiel war, wird dir klar, dass dir die ganze Welt offensteht. Das ist aufregend und stärkt dein Selbstvertrauen.

Natürliches Selbstvertrauen ist Welten entfernt von dem kurzlebigen, künstlichen Selbstvertrauen, das du durch ein paar Shots oder einer Line Kokain bekommst. Du kannst dir überlegen, worauf du wirklich Lust hast, es tun und nach Hause gehen, wann immer du willst.

Das führt uns zum Thema „nüchtern gesellig sein", etwas, das alle trockenen Alkoholiker lernen müssen, um auf einem alkoholisierten Planeten zurechtzukommen.

Nüchtern Leute treffen, Hobbys & Urlaub

Beginnen wir mit dem Positiven: In den letzten fünf Jahren hat sich eine spannende Welt alkoholfreier und alkoholarmer Getränke entwickelt. Diese Branche ist inzwischen fast 10 Milliarden US-Dollar wert – und wächst weiter (IWSR).

Das bedeutet, dass du einen schönen Abend mit Getränken für Erwachsene verbringen kannst, wovon zahlreiche alkoholfreie Craft-Biere, Cocktails und sogar einige gute 0%-Weine zeugen. Du kannst mit Leuten ausgehen, die gerne trinken, vier oder fünf Drinks mit ihnen trinken und trotzdem als Erstes aufstehen, wenn du eine Freizeitaktivität geplant hast.

Wenn du wie ich keine alkoholischen Getränke trinken möchtest, stärkt nichts mehr als ein Glas Wasser.

Die zunehmende Popularität einer nüchternen, neugierigen Bewegung bedeutet, dass du womöglich gar nicht mehr erklären musst, warum du nicht trinkst. Es wird immer einfacher, und letztendlich können die Leute deinen Wunsch nach einem besseren Leben akzeptieren oder nicht. Wenn du dich noch nicht wohl dabei fühlst, darüber zu sprechen, warum du den Alkohol aufgegeben hast, kannst du etwas sagen wie „Ich trainiere für die nächsten Olympischen Spiele" oder „Ich kann mir keinen weiteren psychotischen Anfall in der Öffentlichkeit mehr leiste"". Letzteres wird wahrscheinlich weitere Fragen verhindern.

Wenn du dich mit trinkenden Leuten triffst, kannst du dich entscheiden, früher zu gehen oder den Club auszulassen. Mach dir nichts draus. In dem Moment wird es ihnen wahrscheinlich egal sein und wenn sie einen Kater haben, werden sie nur neidisch sein, weil sie nicht die gleiche Entscheidung getroffen haben wie du!

Während sie in Selbstmitleid baden und den vergangenen Abend verarbeiten, kannst du dich mit den Aktivitäten, Sportarten und Hobbys beschäftigen, die dich glücklich machen. Das kann etwas sein, das dir schon vor dem Alkoholkonsum Spaß gemacht hat, oder etwas ganz Neues.

Wenn du zum Beispiel eine Sportart oder ein Hobby hattest, bevor du die meisten Wochenenden betrunken oder verkatert verbracht hast, nimm es wieder auf und versuche es nüchtern. Du wirst feststellen, dass du nun viel besser darin bist!

Du kannst tun, was du willst: Yoga, Meditation, Stricken, Lesen, einen Nebenerwerb aufbauen, ein Unternehmen gründen, einen Roman schreiben, ein Instrument lernen, neue Freundschaften schließen... Wenn du dich entscheidest, auf einem alkoholisierten Planeten nüchtern zu bleiben, kannst du neu definieren, was Spaß für dich bedeutet. Fange an, dein Leben nach deinen Bedingungen zu leben, statt nach deinen Freunden, deiner Familie, deinen Arbeitskollegen oder nach gesellschaftlichen Normen.

Der Verzicht auf Alkohol ermöglicht es dir, das Steuer deines Lebens selbst in die Hand zu nehmen und dabei Spaß zu haben.

Falls du deine Fitness verbessern willst, wirst du herausfinden, dass das Fitnessstudio auch samstags und sonntags geöffnet hat (was vielen regelmäßig Trinkenden entgeht!). Wenn du nüchtern bist, kannst du mehr Zeit für Sport aufwenden, mehr Kalorien verbrennen und wirklich in deiner neu entdeckten Begeisterung für das Leben aufgehen.

Es gibt keine Verpflichtung, Fitness zu einem deiner neuen Hobbys zu machen, wenn du mit dem Trinken aufhörst. Allerdings gehört regelmäßiger Sport, der dir Spaß macht, zu den besten Aspekten der Nüchternheit. Es gibt viele Möglichkeiten, so dass du sicher etwas finden wirst, das dir gefällt. Bewegung unterstützt dich dabei, dein Wohlbefinden zu steigern.

Sobald du die wahre Bedeutung von Selbstfürsorge verstehst, siehst du, was „entspannen" wirklich bedeutet. Der Begriff beinhaltet nämlich nicht, sich zu betrinken und sich dann die nächsten Tage miserabel zu fühlen.

Das ist kein Spaß. Spaß ist es, die Dinge zu tun, die dir Freude machen und für die du dich begeistern kannst, ohne dass du dafür körperlich, seelisch und mental büßen musst.

Ein weiterer angenehmer Teil des nüchtern seins ist es, nüchtern Urlaub zu machen. Ja, das ist etwas ganz anderes. Stell dir vor, du fährst in den Urlaub und kommst gestärkt und mit einem neuen Lebensgefühl und Begeisterung für das Leben zurück – anstatt pleite und müde zu sein und einen weiteren Urlaub zu brauchen, um sich davon zu erholen.

Auch hier gilt: Für die meisten Menschen ist Alkoholkonsum nicht gleichbedeutend mit echter Entspannung. Verkatert, pleite und voller Reue zu sein, ist nicht entspannend. Einen oder mehrere Tage des lang ersehnten Urlaubs „abzuschreiben", weil du dich mit Übelkeit und Kopfschmerzen in deinem Hotelzimmer verkriechst, ist eine fürchterliche Art, deine freie Zeit zu verbringen.

Ich habe schon viele Urlaube gemacht, aber die meisten waren in mehr als einer Hinsicht verschwendet! Ich habe viele Reisen gemacht, unter anderem nach Ibiza, zum Spring Break nach Cancun und auf die griechischen Inseln. Ein Fischglas mit tödlichen Cocktails und die dazugehörigen zehn Gratis-Shots durften da nicht fehlen – falls du dergleichen nicht erlebt hast, kannst du dich glücklich schätzen.

Unabhängig vom Reiseziel wiederholte ich das gleiche Muster. In der ersten Nacht würde ich etwas „Großes" machen und mir würde heftig schlecht werden, weil ich zu viel Alkohol nicht vertrage. Die restlichen Tage verbrachte ich damit, abwechselnd zu leiden und zu versuchen, das Ganze zu wiederholen. Wenn ich an diese alkoholreichen Ferien zurückdenke, war es nicht wirklich „lustig", sieben Tage lang verkatert zu sein.

Es ist wesentlich sinnvoller, das Beste aus jedem Moment zu machen. Das Erkunden der örtlichen Sehenswürdigkeiten macht mehr Spaß als die Suche nach einer offenen Apotheke, um Schmerztabletten zu kaufen. Urlaubszeit ist kostbare Zeit, egal ob du sie allein oder mit deinen Liebsten verbringst. Sie mit einem Kater zu verschwenden, ist schon fast tragisch.

Ein Urlaub ist alles, was du möchtest: Zeit, um komplett abzuschalten und einen Stapel Bücher durchzuarbeiten, um die versteckten Winkel einer neuen Stadt zu entdecken oder um dich deinen Hobbys zu widmen und neue Dinge auszuprobieren. Wenn du im Urlaub nur trinkst und Drogen nimmst, kannst du genauso gut zu Hause bleiben.

Es kann eine Weile dauern, bis du lernst, nüchtern Spaß zu haben. Die Menschen, mit denen du dich umgibst, spielen dabei eine große Rolle. Das Interagieren in einer nüchterne Community ist ein guter Weg, um mit Gleichgesinnten Spaß zu haben.

Es gibt eine Menge Communitys da draußen, in denen du deine Leute finden kannst. Wenn du ein Instagram-Fan bist, empfiehlt es sich, den entsprechenden Hashtags und Accounts zu folgen, um Ideen und Inspirationen zu bekommen oder sogar Leute auf deiner Wellenlänge zu finden.

Fang damit an, nach Benutzernamen und Hashtags wie sober(Name), ohne Alkohol oder nüchtern(irgendwas) Ausschau zu halten. Wenn du für deine trinkenden Freunde anonym bleiben willst, richte einfach deinen eigenen Account ein.

Falls dir Instagram zu anstrengend ist, gibt es auch auf Facebook jede Menge Online-Gruppen. Es entstehen immer mehr nüchterne Communitys, da immer mehr Menschen auf diesem alkoholisierten Planeten nüchtern werden.

Ich möchte dieses Kapitel abschließen, indem ich noch einmal zwei Dinge hervorhebe:

1.   Du kannst eine Menge Spaß haben, wenn du nüchtern bist.

2. Nüchtern zu sein bedeutet NICHT, dass irgendein Aspekt deines Lebens langweilig sein wird.

Ich kann ehrlich behaupten, dass ich noch nie eine Person getroffen habe, die es bereut hat, nüchtern zu werden. Ein Leben, das mit Hobbys, Leidenschaft und Interessen gefüllt ist, lohnt sich und ja, es macht Spaß.

Erinnere dich im Zweifel an deine Kindheit, bevor du mit Alkohol in Berührung gekommen bist. Mit ziemlicher Sicherheit hattest du Hobbys, Interessen und Dinge, die du gerne ausprobiert hättest.

Als nüchterner Erwachsener hast du die Zeit, die Freiheit und das Geld, all das zu tun. Für mich ist das Spaß pur!

Als Nächstes befassen wir uns mit etwas, das vielen überhaupt keinen Spaß macht: Beruf und Karriere. Das Spannende an einem nüchternen Leben ist auch, dass du dein Arbeitsleben so gestalten kannst, dass es dir Spaß macht und du es nicht ertragen musst.

Stell dir vor, du verbringst gerne die 261 Wochentage im Jahr und kannst jedes einzelne Wochenende optimal ausnutzen. Das ist ein weiterer lebensverändernder Vorteil, den der Alkoholverzicht mit sich bringt.

Kapitel 7:

Nüchtern Arbeiten

Es gibt erschreckende Statistiken darüber, wie viele Menschen ihre Arbeit hassen (oder nur tolerieren). Eine weltweite Umfrage ergab, dass 85% der Menschen „nicht zufrieden" mit ihrer Arbeit sind (Clifton, 2017).

Es gibt viele Studien zu diesem Thema, und auch wenn nicht alle eine so erschütternde Schlagzeile liefern, zeigen die meisten, dass eine solide Mehrheit der Menschen mit ihrem Arbeitsleben unzufrieden ist.

Egal aus welchem Blickwinkel du das betrachtest: Das ist schon ziemlich deprimierend. Wenn man die Feiertage und Wochenenden mit einbezieht, arbeiten die meisten von uns weit mehr als 200

Tage im Jahr. Es ist eine riesige Verschwendung deines Erwachsenenlebens, wenn du an diesen Tagen unzufrieden bist.

Warum lassen sich so viele Leute ein solches Leben gefallen? Ein großer Teil des Problems ist, dass wir auf einem alkoholisierten Planeten leben.

Ein ständiger Kreislauf von alkoholgeschwängerten Wochenenden gefolgt von lethargischen, verkatert wirkenden Wochen raubt dir die Fähigkeit, deine Arbeitszeit optimal zu nutzen.

Im Kapitel über Spiritualität haben wir über den „Work hard, play hard"-Lifestyle gesprochen, der einem „Hamsterrad" ähnelt. Er ist sowohl die kulturelle Norm als auch eine Falle für viele Menschen.

Wenn du jedes Wochenende ausgehst und von der Hand in den Mund lebst, hast du kaum eine andere Wahl, als dich mit deinem Job abzufinden. „Aufsteigen" löst das Problem nicht, denn dein Lifestyle verändert sich mit deinem Gehalt.

Es gibt viele Menschen mit hohen Gehältern, die immer noch in Jobs feststecken, die sie hassen – aufgrund großen Hypotheken, Leasingraten oder Studiengebühren. Das passiert, wenn du ein materialistisches Leben führst und immer dem nächsten „Ding" hinterherjagst.

Das Hamsterrad hält auch Menschen gefangen, die keinen Alkohol trinken. Wenn du regelmäßig trinkst, gibst du dir selbst nicht einmal die geringste Chance – vor allem aus all den finanziellen Gründen, die ich bereits in diesem Buch angesprochen habe.

Das passiert, wenn du versuchst, deinen Job mit einem Partyleben zu vereinbaren: Du hasst deinen Job zwar, aber du nimmst ihn hin. Du verbringst die Wochenenden damit, über die Arbeit zu meckern und zu jammern, weil du der festen Überzeugung bist, dass du „mehr für das Unternehmen wert bist" und dass dein Bonus höher sein sollte.

Aber dann kommt der Montag und du sitzt wieder an deinem Schreibtisch. Du bist viel zu müde und verkatert, um etwas anderes zu tun, als im Hamsterrad zu bleiben. Du brauchst das Geld und sie bezahlen dich dafür, dass du deinen Kater an einem Wochentag erträgst. So schlimm kann es also nicht sein, oder?

Es IST schlimm. Besonders schlimm ist es, wenn du Jahre so verstreichen lässt. Das habe ich getan, und viele andere tun es auch.

Bist du bereit, den Kreislauf zu durchbrechen? Wieder einmal lautet die effektive Lösung: Verzichte auf Alkohol.

Alkohol und Arbeit – das Rezept für ein Desaster

Alkohol und „Karriere machen" passen einfach nicht gut zusammen. Das heißt nicht, dass du nicht stetig vorankommen wirst oder dass es keine toxischen Arbeitsplätze gibt, an denen es Menschen schaffen, voranzukommen und sich gleichzeitig zu betrinken. Aber als allgemeine

Regel gilt: Abwechselnd betrunken und verkatert zu sein, ist nicht der richtige Weg, um deine beruflichen Ziele zu erreichen.

So mancher Karriereweg wird durch betrunkenes Verhalten am Feierabend zerstört. Wochenenden voller Angst, gefeuert zu werden, sind schon schlimm genug. Der langfristige Schaden ist jedoch noch schlimmer. Wiederholte Dummheit am Abend bringt dir nichts als einen schlechten Ruf ein und verlangsamt mit ziemlicher Sicherheit deine Aufstiegschancen.

Mein erster Arbeitsabend in der Finanzwelt wurde als „unauffälliges" Büroquiz angekündigt. Leider nahm ich mit der Befürchtung, der Neue zu sein, und der Unfähigkeit, mit dem Trinken aufzuhören, daran teil.

Am Ende des Abends fand ich mich in einer Mülltonne vor dem Pub wieder. Kein Taxi wollte mich nach Hause bringen, weil ich zu betrunken war. Zum Glück arbeitete ein alter Schulfreund hinter der Bar und brachte mich irgendwie nach

Hause zu meinen sehr beschämten Eltern (Danke Karl!).

Das war der erste Tag meiner 12 Jahre in der Unternehmenswelt!

Viele Menschen gehen zur Arbeit, tun nicht mehr als „die Arbeit zu erledigen" und haben trotzdem das Gefühl, dass sie um den Aufstieg gebracht werden, den sie „verdienen". Jahrelang war ich einer dieser Leute. Es war auch kein Problem, andere Kollegen zu finden, mit denen ich mich darüber beschweren konnte.

An vielen Arbeitsplätzen gibt es eine Kultur, in der die Leute dies Nacht für Nacht tun. Sie halten Pubs und Bars am Laufen, während sie trinken und sich über die Firma beschweren. Normalerweise sind die Leute, die tatsächlich befördert werden, nicht mit ihnen in der Bar – jedenfalls nicht so regelmäßig.

Vielleicht hast du viele Gemeinsamkeiten mit deiner „Happy Hour-Crew" aus Kollegen und Kolleginnen. Aber wenn du realistisch bist, ist es wahrscheinlicher, dass eure gemeinsamen Interessen darin bestehen, zu feiern und sich über den Chef oder die „Kultur" des Unternehmens zu beschweren.

Während du von der Bar zum Club zum Büro und wieder zurück pendelst, siehst du, wie andere Menschen karrieretechnisch an dir vorbeiziehen. Sie werden befördert, bekommen zusätzliche Verantwortung übertragen oder erreichen ihre Verkaufsziele mit relativer Leichtigkeit. Du fühlst dich frustriert, weil es bei ihnen so einfach aussieht.

Falls das auf dich zutrifft und du regelmäßig trinkst, stell dir ein Leben vor, in dem du keinen einzigen Kater hast. Stell dir vor, was das alles verändern würde.

Raketenstart für deine Karriere

Es beginnt bei simplen Kleinigkeiten. Wenn du morgens pünktlich kommst und frisch aussiehst, anstatt um 9.05 Uhr hereinzuplatzen und muffig zu riechen, merken die Leute das.

Das fühlt sich gut an. Die Tage, die so beginnen, sind in der Regel die besseren Tage, wie du bereits von den gelegentlichen Morgen weißt, an denen du dich zusammengerissen hast. Wenn du überhaupt nicht trinkst und nie das Risiko eines Katers eingehst, hast du viel mehr gute als schlechte Arbeitstage. So einfach ist das.

Dann beginnt sich alles zu verdichten – auf eine gute Art und Weise.

Erinnerst du dich an die geistige Klarheit und die superschnelle Auffassungsgabe, die du bekommst, wenn du auf Alkohol verzichtest? Sie baut sich mit der Zeit auf und verändert deine Leistungsfähigkeit bei der Arbeit. Dein Gedächtnis, dein logisches Denkvermögen und deine Fähigkeit, Informationen zu verarbeiten, verbessern sich deutlich (Renewal Lodge, 2019).

Du wirst schnell vom „Bürofaultier" zum „Büro-Ninja"!

Wenn aus deinen Wochen der Nüchternheit Monate und Jahre werden, entsteht ein

Schneeballeffekt. Menschen, die dir wichtig sind, bemerken die Veränderung an dir. Du kannst immer noch das schwarze Schaf auf den Büropartys sein, aber es ist viel attraktiver, aufzufallen, wenn du nüchtern bist, als aufzufallen, weil du deinen Chef vollgekotzt hast.

Wenn deine Leistung und Zuverlässigkeit für dich sprechen, gewinnst du auch das Selbstvertrauen, für dich selbst einzutreten. Echtes Vertrauen in deine Fähigkeiten führt dazu, dass du dich für Beförderungen oder zusätzliche Aufgaben empfiehlst oder dich nach neuen und anderen, größeren und besseren Aufgaben umsiehst.

Das könnte bedeuten, dass du dich entscheidest, ein Unternehmen zu gründen und selbstständig zu arbeiten. Bislang sind wir in diesem Kapitel davon ausgegangen, dass du angestellt bist – also für andere arbeitest. Das ist aber nicht für jeden der Fall.

In Großbritannien sind etwa 15% der arbeitenden Bevölkerung selbständig – und diese Zahl steigt (Gov.uk, 2021).

An dieser Stelle sei angemerkt, dass viele Menschen, die ein eigenes Unternehmen führen, zu viel trinken und an demselben „Work hard, play hard"-Rennen teilnehmen. Wenn du dies als jemand liest, der bereits ein Unternehmen führt, kann ich dir versichern, dass du deine Performance und deine Aussichten erheblich verbessern kannst, wenn du aufhörst zu trinken.

Es ist durchaus möglich, selbstständig zu sein und dennoch nur „über die Runden zu kommen" und für das Wochenende zu leben. Du hast vielleicht das Gefühl, dass du dein Unternehmen „am Laufen hältst", aber ein betrunkener oder verkaterter Unternehmer macht die gleichen Fehler wie ein betrunkener oder verkaterter Angestellter. In manchen Fällen können die Folgen sogar noch gravierender ausfallen, weil es niemanden gibt, der dich leitet und darauf achtet, dass du deine Aufgaben erledigst.

Sicher, du hast vielleicht keine Vorgesetzten, die merken, dass du verkatert bist, aber du hast stattdessen Kunden. Auch denen fallen Unpünktlichkeit, mangelnde Konzentration und eine Fahne auf.

Wie wir bereits festgestellt haben, zerstört regelmäßiger Alkoholkonsum dein Selbstvertrauen und deine kognitiven Fähigkeiten. Das kann dazu führen, dass du nicht den Mut hast, dich selbstbewusst zu vermarkten, oder die Klarheit, um ein kompliziertes, einträgliches Geschäft einzuholen. Alkohol raubt dir die Motivation, so dass du dich damit zufrieden gibst, das zu tun, was du tun musst, anstatt das zu tun, wozu du wirklich fähig bist.

Wenn du mit dem Trinken aufhörst, hast du Zeit, Energie und das Selbstvertrauen, um ein neues Geschäft aufzubauen oder deine Bemühungen in dein bestehendes Unternehmen zu verdoppeln.

Es gibt zwei Wege, um nicht zu der elenden Mehrheit zu gehören, die den Montagmorgen fürchtet. Beide Wege stehen dir offen (und sind erreichbar), wenn du nüchtern bist. Entweder du fängst an, als Angestellter zu glänzen, steigst auf und erntest die Früchte, oder du entscheidest dich, deinen eigenen Weg zu gehen und machst dich selbstständig.

Sobald du den Alkohol los bist, wirst du vermutlich – so wie ich – feststellen, dass du deinen Job in der Firma nicht magst. Zum Glück gibt dir die Nüchternheit die Kraft, dich bewusst für eine bessere Aufgabe zu entscheiden oder endlich deinen Traum wahr zu machen und dein eigenes Unternehmen zu gründen.

Eine aktuelle Umfrage hat gezeigt, dass 62% der Menschen ein eigenes Unternehmen gründen wollen (Vista, 2018). Weit weniger Menschen tun es tatsächlich, oft aus Mangel an Zeit, Vertrauen oder Geld.

Die gute Nachricht ist, dass du mehr Zeit, Selbstvertrauen und Geld bekommst, wenn du aufhörst zu trinken!

Ein Unternehmen zu gründen ist nie einfach. Verkatert und pleite zu sein, mit einem Gehirn, das nie voll ausgelastet ist, ist jedoch ein todsicherer Weg, um es unmöglich zu machen. Wenn du auf allen Zylindern läufst, über radikale Klarheit und ein hohes Maß an Widerstandsfähigkeit verfügst, ist alles möglich.

Die Entscheidung, auf Alkohol zu verzichten, ist eine gute Nachricht für deine beruflichen und geschäftlichen Aussichten. In nüchternen Communitys siehst du immer wieder Menschen, die Unternehmen gründen, von denen sie schon lange geträumt haben. Sie erhalten Beförderungen und überraschen sich selbst, indem sie Ziele erreichen, von denen sie einst überzeugt waren, sie seien unerreichbar.

Vergeude dein Arbeitsleben nicht mit einem Job, den du hasst. Wage es zu träumen. Frisch und ohne Kater aufzuwachen, fühlt sich gut an. Am Montagmorgen inspiriert und motiviert aufzuwachen, ist noch besser.

Nur für das Wochenende zu leben ist eine tragische Verschwendung. Der größte Teil deines Lebens besteht aus dem Rest der Zeit. Du bist es dir selbst schuldig, auch diesen auszukosten.

Kapitel 8:

Ein alkoholisierter Planet

Wir haben über deine Gesundheit, deine Beziehungen, deine Seele, deine Karriere und eine Fülle weiterer Aspekte gesprochen, die sich verändern und verbessern, wenn du aufhörst zu trinken.

Dennoch bleibt die Tatsache bestehen, dass wir auf einem alkoholisierten Planeten leben.

Die Zahl derer, die sich für ein nüchternes Leben entscheiden, steigt stetig, aber unsere Gesellschaft scheint immer noch „auf Alkohol zu stehen". Die Konditionierung sitzt tief und so ist es unvermeidlich, dass du dich weiterhin in Umgebungen wiederfindest, in denen sich alles um Alkohol dreht.

Dieser Planet ist völlig verrückt, wenn es darum geht, zu verstehen, wie gefährlich Alkohol tatsächlich sein kann.

Letztendlich ist es deine Aufgabe, dich an das alkoholfreie Leben in diesen Umgebungen zu gewöhnen oder ein anderes Umfeld zu finden, das mit der neuen Versrion von dir besser vereinbar ist. Die gute Nachricht ist, dass es diese gibt – du solltest vielleicht ein wenig Vorarbeit leisten, um sie zu finden.

In diesem letzten Kapitel befassen wir uns mit der gesellschaftlichen Konditionierung, die diese alkoholisierte Welt geschaffen hat. Du erfährst nicht nur, wie du nüchtern leben kannst, ich werde dich auch beruhigen. Wenn du bisher in einem ungesunden Teufelskreis gefangen warst, ist das nicht deine Schuld. Von Anfang an standen die Chancen gegen dich.

Es gibt ein britisches Sprichwort, das besagt: „Wenn du lange genug im Friseursalon

herumhängst, bekommst du früher oder später
einen Haarschnitt."

Wenn du dich lange genug in Pubs und Bars
herumtreibst, wirst du früher oder später selbst
zum Trinker oder zur Trinkerin. Und wenn du
neugierig, werden dich wahrscheinlich auch
Drogen finden. Sie sind überall und ich meine
wirklich überall.

Eine genauere Beschreibung wäre: Wenn du lange
genug in Pubs und Bars herumhängst, trinkst
du/wirst du high, bereust es am nächsten Tag, die
nächste Woche, nächsten Monat oder das nächste
Jahr, bist pleite, fühlst dich krank, bestellst Essen,
verpasst das Fitnessstudio, machst Fehler bei der
Arbeit und fühlst dich deprimiert, ängstlich und
seelenlos.

Das Verrückte daran ist, dass Millionen von
Menschen das ständig tun und es dann als „tollen
Abend" bezeichnen. Du tust es, alle tun es. Es wird
als „normal" angesehen.

In einer Welt, in der Pubs und Bars als übliche Orte für „Spaß" und „Entspannung" für Erwachsene gelten, ist es kein Wunder, dass Menschen in einen ungesunden Teufelskreis geraten. Ein solcher Kreislauf hatte mich 17 Jahre lang fest im Griff.

Die gesellschaftliche Konditionierung spielt hier eine bedeutende Rolle.

Es wird von dir erwartet, dass du einen „tollen Abend" hast. Das Internet ist voll mit Memes und Witzen über alkoholisiertes und verkatertes Verhalten.

Aber wenn du mal genau analysierst, was dieser „tolle Abend" mit sich brachte und wie du dich danach gefühlt hast, war er dann wirklich gut? Wahrscheinlich nicht.

Schauen wir uns ein paar Szenarien rund um die Alkoholkultur an. Werfen wir einen Blick darauf, warum sie ein so fundamentaler Teil des täglichen Lebens ist. Danach betrachten wir, was gesünder

und lohnenswerter sein kann, wenn wir uns
weiterentwickeln.

Die Sau rauslassen

Ich habe drei Jahre an der Uni verbracht und hatte
fast jeden Tag ein „Katergesicht". Oft musste ich
mich nach einer durchzechten Nacht übergeben
und konnte mich kaum an etwas erinnern – aber
das galt als „normal". Es war Teil der „Erfahrung"
und ja, wie viele andere auch, habe ich mir damals
eingeredet, dass es „Spaß" macht.

Blackouts, übermäßiges Erbrechen und idiotisches
Verhalten sollten nicht als normal angesehen
werden – egal in welchem Alter. Doch wie wir
bereits festgestellt haben, leben wir auf einem
alkoholisierten Planeten. In Großbritannien und
vielen anderen Ländern ist es normal, sich zu
betrinken und „Spaß zu haben", wenn man „jung,
wild und frei" ist.

Wenn mich heute jemand fragt, ob ich an der Uni
Spaß hatte, sage ich nur zögerlich „Ja". Blackouts,
Erbrechen, Schulden und mittelmäßige Noten in

Business Management sind im Vergleich zu den Leistungen, die ich nüchtern erreicht hätte, kaum der Rede wert.

Ich möchte hier nicht wie ein Langweiler klingen, also werde ich zugeben, dass das Studentenleben mir wertvolle Lebenskompetenzen im Umgang mit Menschen vermittelt hat. Aber es drehte sich alles um Alkohol (und Drogen). Sogar auf die Sporttage am Mittwoch folgten betrunkene „Athletic Union"-Abende!

Das Muster, sich nach dem Sport zu betrinken, hat es schon immer gegeben. Du kannst dieses Verhalten beim Rugby, Hockey, Rudern, Laufen, Fußball, Golf, Cricket, Tennis, Boccia und anderen Sportvereinen beobachten.

Über die verrückten Trinkrituale für Neulinge haben wir noch gar nicht gesprochen. Offenbar ist das exzessive Trinken aus einem dreckigen alten Stiefel, während man splitternackt über ein Feld rennt, eine Form der Anerkennung.

In meinem zweiten Jahr an der Universität wurde ich zum „Week One Rep" gewählt. Dabei war es meine Aufgabe, mich in der ersten Woche des Studiums um die Erstsemester zu kümmern. Ziel war es also, die Neuankömmlinge an sieben Abenden hintereinander so betrunken wie möglich zu machen. Von der Universität wurde das alles gebilligt.

Wenn es noch eines Beweises bedurft hätte, dass die Trinkkultur an britischen Universitäten wirklich tief verwurzelt ist, so ist die Rolle des „Week One Rep" angeblich eine der begehrtesten im gesamten Studentenleben. Diese Rituale und Übergangsriten stellen den Alkohol als ein allumfassendes „Lebenselixier" dar, und eine Generation nach der anderen lernt im frühen Erwachsenenalter, dass das normal ist.

Die Universität ist nur ein Umfeld, in dem die Alkoholkultur allgegenwärtig ist. Es gibt noch viele weitere, wie zum Beispiel Urlaube, die vom Alkohol geprägt sind.

Wenn du in Großbritannien aufwächst, kennst du wahrscheinlich die Pauschalurlaube für 18- bis 30-järige. Vielleicht hast du sogar schon einen gemacht und bereust immer noch den One-Night-Stand oder die Sexspiele, an denen du teilnehmen musstest!

Briten lieben es, ins Ausland zu fahren, sich jeden Abend komplett die Kante zu geben, im örtlichen Irish Pub zu essen und dann wieder nach Hause zu fahren, um das Ganze in einem viel kälteren Klima zu wiederholen. So habe ich meine Urlaube im Alter von 17 bis 25 Jahren verbracht.

Diese Urlaubskultur und das exzessive Besäufnis sind so beliebt, dass wir sogar erfolgreiche Reiseunternehmen haben, die nur damit Geld verdienten! Die Leute ertragen eine Woche lang sinnloses Trinken, Erbrechen und Geschlechtskrankheiten. Sie schrotten gemietete Motorroller, essen bei McDonald's und wenn sie nach Hause kommen, sagen sie, es habe „Spaß gemacht".

Selbst als ich nach Vegas, Ibiza und Cancun reiste, was ich als „erwachsenere Urlaube" wahrnahm, floss der Alkohol weiter und die Drogen wurden zu einem festen Bestandteil des Erlebnisses. Je älter ich wurde, desto schlimmer wurden die Kater und der Urlaub wurde immer mehr zur Qual.

Da wir die Urlaube nach britischem Schema satt hatten, beschlossen wir, für den „Spring Break" im amerikanischen Stil nach Cancun zu fahren. Wir dachten, es würde einfacher sein, doch es stellte sich heraus, dass die Amerikaner genauso viel trinken wie wir!

Das Schlimmste an dem Trip war, dass wir zwei volle Wochen unterwegs waren. Ich war zu diesem Zeitpunkt fast 30 und meine Leber war nach nur zwei Tagen am Rande eines nuklearen Super-GAUs.

Die Schlussfolgerung war, dass es egal ist, wohin du fährst, die alkoholisierte Urlaubskultur ist global! Ja, ich hatte Spaß auf diesen Trips, aber mir ist jetzt klar, dass ich nicht wie alle anderen trinken konnte. Das Erbrechen, die Blackouts und die Dummheiten verfolgten mich überall hin und es war alles andere als entspannend.

Werfen wir nun einen Blick auf ein weiteres Beispiel für eine vom Alkohol geprägte Kultur: der Arbeitsplatz.

In der Welt der körperlichen Arbeit gibt es eine starke Alkohol- und Drogenkultur. Auch hier ist sie entstanden, weil Generationen von Menschen stets dasselbe getan haben. Es gilt in Großbritannien als „normal", um 15 Uhr mit der Arbeit fertig zu sein und dann in den Pub zu gehen, um den größten Teil des Tageslohns für Alkohol (und möglicherweise auch für Drogen) auszugeben.

Am nächsten Tag verkatert aufzuschlagen, wird erwartet und weitgehend akzeptiert. Der Kreislauf von Arbeit-Trinken-Kater-Wiederholung ist für viele Leute nichts anderes als der „normale" Alltag.

In vielen Unternehmen ist das nicht anders. Tatsächlich bietet der Eintritt in dieses Umfeld für viele einfach eine Möglichkeit, die an der Universität erlernten Gewohnheiten fortzusetzen und auszubauen.

Arbeitsteams trinken, um Erfolge zu feiern (und Verluste zu bedauern). Sie trinken auf Geburtstage, um neue Mitarbeiter zu begrüßen oder um sich von Leuten zu verabschieden, die das Unternehmen verlassen. Es gibt Konferenzen, Teamdrinks, feuchtfröhliche Geschäftsessen und Teambuilding-Events.

Nicht alle Büros sind gleich, aber vieles von dem, was ich gerade beschrieben habe, trifft normalerweise zu. Manche Branchen sind besonders „hardcore". Die Werbebranche hat seit langem den Ruf, extrem trinkfest zu sein. Einige Firmen bieten angeblich Kontakte zu Entzugskliniken an, weil das „einfach zum Job dazugehört".

Die Trinkkultur in Unternehmen war für mich eine Katastrophe. Wenn du eine solche Beziehung zum Alkohol hast, wie ich sie hatte, wird es durch den ständigen Zugang zum Alkohol sehr schwierig, voranzukommen. Alkohol bringt das Schlimmste in mir zum Vorschein, und ich hatte oft das Gefühl, dass ich vor jedem, der die Macht hatte, mich zu feuern, „auf Eierschalen" lief.

Es ist absurd, dass der Konsum von Alkohol so weit verbreitet ist, aber zu viel Alkohol immer noch ein Tabu und verpönt ist. Aber auf diesem Planeten der Trinkenden wird von allen erwartet, dass sie sich auf einem unglaublich schmalen Grat bewegen – sie trinken, um sich anzupassen, aber immer genau so viel, dass sie nicht über die Stränge schlagen und etwas Dummes tun. Das ist mit einer Droge, die süchtig macht und dein Urteilsvermögen beeinträchtigt, so gut wie gar nicht möglich!

Wenn du wissen möchtest, wie weit verbreitet dieses Problem ist, sieh dir diese Statistiken über Weihnachtsfeiern am Arbeitsplatz an: Eine Umfrage ergab, dass 89 % der Briten zugaben, sich auf diesen Veranstaltungen betrunken zu haben, wobei 65 % sagten, dass ihr „Verhalten in negativer Weise beeinflusst wurde". 45 % gaben zu, sich „zum Narren gemacht" zu haben, und erschreckende 9 % wurden aufgrund dessen entlassen oder erhielten ein Disziplinarverfahren (Roberts, 2018).

Ganz abgesehen davon, dass fast jeder Zehnte seinen Job verliert, weil er am Abend vor der Arbeit ausgeht, zeigen diese Zahlen, dass sehr viele Arbeitnehmerinnen und Arbeitnehmer bedauern, was sie nach ein paar alkoholischen Getränken tun. Wahrscheinlich verderben sich Millionen von Menschen auf der ganzen Welt ihre Weihnachtsferien, weil sie sich besorgt und beschämt fühlen oder weil sie sich fragen, ob sie im neuen Jahr gefeuert werden!

Dennoch wird in der Arbeitswelt getrunken, weil das schon immer so war.

Das gilt also auch für den direkten Arbeitsplatz. Es ist möglich, dass es eine tief verwurzelte Alkoholkultur gibt, mit der du lernen musst, umzugehen.

Leider kommt es noch schlimmer. Häufig werden Menschen der Alkoholkultur ausgesetzt, lange bevor sie an die Universität oder an den Arbeitsplatz kommen.

Meine Eltern gingen in Pubs und Clubs, genau wie ihre Eltern. In der Schule gingen die Eltern meiner Freunde, genau wie meine, in Pubs und Clubs, genau wie ihre Eltern. Das ist keine Überraschung – sie alle leben auch auf diesem Planeten!

Als Resultat wachsen wir damit auf, dass wir alles mitbekommen und es als normal ansehen. Für viele ist das normal – so wurde es schließlich schon immer gemacht.

Ist es klug oder gesund, so etwas zu tun? Nein.

Macht es alle diese Leute glücklich? Nein.

Ist Alkohol etwas für jeden? Auf keinen Fall.

Nicht selten ist es das Umfeld, in dem wir aufwachsen, welches bewirkt, dass sie im Erwachsenenalter nichts anderes kennen.

Hatten meine Eltern vor, einen Süchtigen zu erziehen? Nein, natürlich nicht. Es waren aber einige Umweltfaktoren im Spiel, die außerhalb ihrer Kontrolle lagen.

Ich stamme aus einer italienischen Familie. Wein ist Teil der italienischen Kultur und das schon seit Generationen. Meine Nonna ist 94 Jahre alt und kann immer noch nicht glauben, dass ich nicht nur einen Drink trinken kann. Nicht zu trinken ist für sie ein fremdes Konzept, denn auch für ihre Generation war Trinken und „Spaß haben" etwas Wichtiges.

Als sie 94 Jahre alt war, sagte sie zu mir: „Wie kannst du Spaß haben, wenn du nicht trinkst?"

Ich behaupte nicht, dass meine Nonna hier das Problem ist! Sie ist in dieser Alkoholkultur aufgewachsen, wie Millionen andere auch. Tatsächlich könnte man sie auch als Gegenargument missbrauchen: Wenn sie 94 Jahre alt ist und immer noch fit ist, wo liegt dann das Problem mit dem Alkohol?

Die Antwort darauf ist einfach: Alkohol wirkt sich nicht auf alle Menschen gleich aus. Manche trinken nie mehr als einen Drink auf einmal! Für andere, wie mich, ist es, als würde ich das Zündholz anzünden oder alles auf Schwarz setzen, wenn ich nur einen Tropfen zu mir nehme.

Es geht nicht um andere Leute, sondern um deine Beziehung zum Alkohol. Du würdest das hier wahrscheinlich nicht lesen, wenn du denken würdest, dass du irgendwann einfach so aufhören könntest. Wenn Alkohol eine emotionale Krücke ist, wird er eine extrem negative Auswirkung auf dich haben. Das ist weit entfernt von einem Glas Wein und dem guten Leben, das es verspricht.

Nicht nur die Italiener haben den Alkohol tief in ihrer nationalen Identität verankert. Frankreich ist bekannt für seinen Wein und Champagner, Schottland für seinen Whiskey, Irland für sein Guinness und Deutschland für sein Bier. Diese alkoholischen Getränke sind fast das Erste, woran man denkt, wenn man den Namen eines Landes nennt.

Wie du siehst, drehte sich in meinem Umfeld immer viel um den Alkohol. Von der Kindheit über die Universität bis hin zur Arbeitswelt war Alkohol überall präsent.

Die „Alkoholkultur" schleicht sich in viele Bereiche jenseits von Familie, Ausbildung und Arbeit. Betrachten wir nun die Welt des Sports.

Abgesehen von den Sportlern, die richtig teilnehmen, neigen viele am Rande – also die Fans und Zuschauer – dazu, als Teil des Erlebnisses zu trinken. Der Besuch eines Fußballspiels beginnt meist mit Bier und endet mit noch mehr Bier. Nach großen Turnieren sehen wir oft betrunkenes Verhalten in den Medien.

Noch einmal: Das ist eine kulturelle Konditionierung. Wenn du von deinem Team begeistert bist, warum kannst du das Spiel nicht genießen, ohne zu trinken? Wäre es zynisch zu behaupten, dass es vielen Fußballfans nicht so sehr um die Liebe zum Spiel geht, sondern eher um den Vorwand, am Wochenende zu trinken?

Die meisten Menschen folgen lieber der Masse, statt sich als „schwarzes Schaf" zu outen. Auch wenn wir im Grunde unseres Herzens vielleicht gar nicht gerne trinken und die Folgen hassen, scheint es leichter zu sein, einfach mitzumachen.

Mit der Zeit sehen wir den Planeten der Trinkenden als normal an. Problematisch dabei ist, dass Katerstimmung, Kopfschmerzen, leere Geldbörsen, Depressionen, Erbrechen, Schuldgefühle, Scham und all die anderen negativen Aspekte des regelmäßigen Trinkens ebenfalls normal werden.

Das ist nicht normal. Es ist komplett VERRÜCKT.

Du bist dein Umfeld

Sei dir der Faktoren in deinem Umfeld und der kulturellen Konditionierung bewusst, die seit Generationen bestehen. Wenn du dir dessen nicht bewusst bist, läufst du Gefahr, wieder hineingezogen zu werden. Schließlich ist das alles „normal", oder?

Werfen wir einen Blick auf ein Zitat von W. Clement Stone, einem Selbsthilfeautor, Philanthropen für psychische Gesundheit und Pionier der „positiven mentalen Haltung":

„Du bist ein Produkt deines Umfelds. Wähle also das Umfeld, das dich am besten auf dein Ziel hin entwickelt. Analysiere dein Leben im Hinblick auf dein Umfeld. Helfen dir die Dinge um dich herum auf deinem Weg zum Erfolg – oder halten sie dich zurück?"

Das bedeutet nicht, dass du mit dem Trinken aufhören und dann deine Familie, deine Freunde, deine Karriere und dein Lieblingssportteam aufgeben solltest! Es ist aber durchaus sinnvoll, ein paar ernsthafte Überlegungen anzustellen.

Stell dir Fragen wie:

- Hält dich die Trinkkultur an deinem Arbeitsplatz davon ab, eine Beförderung, eine Gehaltserhöhung oder einen Bonus zu bekommen?

- Tolerierst du deinen derzeitigen Job, weil er dir erlaubt, mit dem Kreislauf Arbeit-Trinken-Jammern-Kater-wieder arbeiten „durchzukommen"?

- Verursachen deine Fußballkumpels, deine Brunch-Gang oder deine Clubfreunde, dass du in einem Muster aus Übermut und Reue verharrst?

- Ermuntern oder ermutigen dich bestimmte Freunde oder Familienmitglieder zum Trinken, oder unterstützen sie dich nicht bei deinen Bemühungen, Dinge anders zu machen?

Die Antworten auf solche Fragen geben dir wertvolle Hinweise darauf, was du an deinem Umfeld ändern kannst.

Alkohol ist überall, aber du musst nicht unbedingt „Ja" zu ihm sagen. Im dritten Kapitel haben wir darüber gesprochen, wie effektiv es sein kann, „Nein" zu Freunden zu sagen, wenn du keine Lust auf bestimmte Abende hast. Den Menschen, auf die es ankommt, macht es nichts aus, und den Menschen, die es stört, ist es egal.

Du kannst auch in der gleichen Umgebung nüchtern bleiben. Wenn du mit dem Trinken aufhörst, bedeutet das nicht, dass du jeden Aspekt deines Lebens verändern musst.

Allerdings werden einige besonders alkoholisierte Umgebungen unweigerlich nicht mehr so einladend wirken – entweder weil sie dich nicht mehr ansprechen oder weil ein bestimmtes Publikum die nüchterne Version von dir weniger akzeptabel findet.

Das ist eigentlich etwas Gutes. Es gibt dir die Chance, dich in Kreisen von Menschen zu bewegen, die dich und deine Nüchternheit voll akzeptieren. Davon gibt es nämlich viele. Wenn du von der Trinkkultur eingenommen bist oder dich verkatert vor der Welt versteckst, ist es leicht, sie nicht zu bemerken.

Ich habe 12 Jahre lang in der Unternehmenswelt gearbeitet, doch ich war nie glücklicher als in dem

Moment, als ich aufhörte, um Trainer für Kraft &
Kondition zu werden. Plötzlich war ich in einer
Welt, in der das Nichttrinken aus gesundheitlichen
Gründen geschätzt wird und nicht als „langweilig"
oder abnormal gilt.

Dieser einfache Umgebungswechsel stellte auf den
Kopf, was bisher „normal" war.

Ich tauschte Pubs und Clubs gegen Fitnessstudios
und Buchläden. Was meine persönliche
Entwicklung angeht, hat mein Leben dadurch
einen gewaltigen Sprung nach vorne gemacht. Ich
verbringe Zeit in Golfclubs, Parks und Cafés – mit
anderen nüchternen Menschen und mit
Menschen, die noch trinken, aber mein Leben
ohne Alkohol respektieren.

Es gibt viele nüchterne Orte auf diesem
alkoholisierten Planeten. Es gibt alkoholfreie
Umgebungen und Menschen, die deine Interessen
und Passionen teilen. Es gibt Orte, die von
nüchternen Menschen bevölkert werden, die mehr
als fähig sind, Spaß zu haben. Es gibt auch viele

Orte, an denen sich Nicht-Trinkende mit gelegentlich Trinkenden treffen.

Die Welt ist groß und es gibt viel zu entdecken.

Obwohl es sich oft so anfühlt, als ob sich ein Großteil des Erwachsenenlebens um Alkohol dreht, gibt es viele Menschen, die nicht in einem ständigen Kreislauf des Trinkens gefangen sind.

Im Jahr 2019 hat die US-amerikanische „National Survey on Drug Use and Health" Erwachsene gefragt, ob sie im letzten Monat Alkohol getrunken haben. 54,9 % von ihnen hatten Alkohol getrunken, aber 45,1 % nicht. 30,5 % hatten im gesamten letzten Jahr keinen Alkohol getrunken (NIH, 2022).

Es gibt also sehr viele Menschen da draußen, die gar nicht oder nur gelegentlich trinken.

Die richtige Umgebung ist ein wichtiger Schlüssel für ein nüchternes Leben auf einem alkoholisierten Planeten. Es ist kein Wunder, dass wir der Herde folgen und uns an den offensichtlichsten Orten und auf die kulturell verankerte Art und Weise „amüsieren". Wir sind oft unseren Familien, Freunden und Arbeitskollegen gefolgt, um „normale" Dinge zu tun – manchmal mit enormen persönlichen Konsequenzen.

„Normal" bedeutet nicht unbedingt „richtig". Daten zeigen, dass Millionen von Menschen ein ganz anderes „Normal" haben.

Sie werden dich mit offenen Armen empfangen.

Kapitel 9:

Fazit

Gleich zu Beginn dieses Buches habe ich erwähnt, wie wichtig es ist, die Idee des „Aufgebens" von Alkohol neu zu formulieren. Diese Sprache impliziert, dass du etwas Erstrebenswertes „aufgibst" – dass du etwas Wertvolles verlierst, wenn du auf einem alkoholisierten Planeten nüchtern bist.

Dank der tief verwurzelten Rolle des Alkohols im Erwachsenenleben ist es kein Wunder, dass Menschen auf ihn hereinfallen. Deshalb machen so viele mit etwas weiter, von dem sie wissen, dass es schädlich ist. Sie haben das Gefühl, etwas zu verpassen, wenn sie damit aufhören.

Das Leben ist alles andere als vorbei, wenn du nüchtern wirst. Das Leben verändert sich. Es wird anders. Das Leben wird besser.

Wenn dieser alkoholisierte Planet ein ehrlicherer Ort wäre, würde das Ganze etwas anders aussehen. Wie wäre es zum Beispiel mit:

- „Ich gebe es auf, übergewichtig zu sein".

- „Ich gebe es auf, ängstlich und depressiv zu sein".

- „Ich gebe es auf, dumme Entscheidungen zu treffen".

- „Ich gebe meine seelenlose Karriere auf".

- „Ich gebe Kopfschmerzen und Übelkeit auf".

- „Ich gebe meine toxischen Beziehungen auf".

- „Ich gebe es auf, eine Woche nach jedem Zahltag pleite zu sein".

- „Ich gebe es auf, dem zu folgen, was die Gesellschaft für „Spaß" hält, und übernehme die Verantwortung für mein eigenes Glück.".

Alle diese Vorschläge sind viel attraktiver und spiegeln viel besser wider, was es wirklich bedeutet, nüchtern auf einem alkoholisierten Planeten zu leben.

Wie ich schon sagte, sind der nüchterne Sean und der betrunkene Sean völlig unterschiedliche Personen. Den nüchternen Sean habe ich aber erst kennengelernt, als ich mit dem Trinken aufhörte und mich von Alkohol und Drogen erholte.

Der Unterschied zwischen dem, was ich heute bin, und dem, was ich damals war, ist drastisch. Die Person, die jetzt aus dem Bett springt, um einen Kunden zum Personal Training zu treffen, erkennt die leere, zittrige Hülle kaum wieder, die ständig krank, übergewichtig und verschuldet war, weil sie Alkohol und Kokain konsumierte.

Fazit

In meinem Fall hatte ich mit Sicherheit einen „Tiefpunkt" erreicht. Das ist aber nicht zwingend notwendig, um mit deiner eigenen Genesung zu beginnen. Es wäre sogar besser, wenn du es gar nicht erst soweit kommen lässt.

Wieso solltest du mit dem Handeln warten, bis du dich auf dem falschen Weg befindest, wenn du ihn schon längst eingeschlagen hast? Wie Einstein sagte: „Wahnsinn ist, immer wieder das Gleiche zu tun und andere Ergebnisse zu erwarten".

In diesem Sinne, warum nicht jetzt das nüchterne Leben wagen? Ich habe noch nie jemanden kennengelernt, der es bereut, nüchtern geworden zu sein. Selbst wenn du die Ausnahme sein solltest, wird dein altes Leben immer noch auf dich warten, wenn du das wirklich möchtest.

Der Wandel vom „betrunkenen Ich" zum „nüchternen Ich" geht nicht von heute auf morgen. Das Leben wird sich verändern, und es wird eine Zeit der Anpassung geben. „Spaß" wird neu definiert. Dein neues Leben wird wahrscheinlich mit anderen (gleichgesinnten) Menschen, anderen Hobbys und Aktivitäten sowie anderen Prioritäten gefüllt sein.

Das mag beängstigend sein, ist aber auch unglaublich aufregend. Ein nüchternes Leben ist gesünder und erfüllt von Natur, Dankbarkeit und neuen Erfahrungen.

Dazu passt dieses Zitat von Thomas Jefferson: „Wenn du etwas möchtest, das du noch nie hattest, solltest du bereit sein, etwas zu tun, das du noch nie getan hast."

Wenn ein nüchternes Leben dir erlaubt, das zu haben, was du immer wolltest, dann sollte es doch einen Versuch wert sein, oder?

Wenn wir schon darüber sprechen, Dinge aufzugeben, warum schauen wir uns nicht an, was du aufgibst, wenn du das nüchterne Leben NICHT ausprobierst?

- Du gibst die Chance auf, endlich zu mögen, was du im Spiegel siehst.

- Du gibst die Chance auf, Gewicht zu verlieren und Muskeln aufzubauen.

- Du gibst den Sober Glow und reine Haut auf.

- Du verzichtest auf eine wissenschaftlich bewiesene Möglichkeit, deine geistige und körperliche Gesundheit zu verbessern.

- Du verzichtest auf eine Möglichkeit, dein Risiko, an einer Vielzahl von Krankheiten zu leiden, drastisch zu verringern – von solchen, die deine Lebensqualität zerstören, bis hin zu solchen, die dein Leben verkürzen könnten.

- Du verzichtest darauf, bessere Entscheidungen zu treffen.

- Du verzichtest auf die Möglichkeit, zu sparen und zusätzliches Geld ausgeben zu können.

- Du verzichtest darauf, bessere Beziehungen zu deinem Partner/deiner Partnerin, deinen Freunden, deinen Kindern und deiner Großfamilie zu haben.

- Du gibst die Chance auf, Menschen zu treffen, zu denen du eine echte, nüchterne Zuneigung hast.

- Du gibst es auf, erfüllenden, liebevollen, nüchternen Sex zu erleben.

- Du verzichtest auf die Chance, die Leute zu treffen, die wirklich zu dir passen – die Menschen, mit denen dich mehr verbindet als die Liebe zum „Party"-Lifestyle.

- Du verzichtest auf persönliches Wachstum.

- Du verzichtest auf die Möglichkeit, mit deiner spirituellen Seite in Kontakt zu kommen und deine Seele zu nähren.

- Du gibst die Chance auf, herauszufinden, was „Spaß" wirklich bedeuten kann. Du tauschst die authentische, kindliche Aufregung, Dinge zu tun, die du gerne tust, gegen die sich wiederholende „erwachsene" Plackerei, in der du erwartest, Spaß in einem Gals oder einer Flasche zu finden.

- Du gibst es auf, ein Unternehmen oder eine Karriere aufzubauen, die dich täglich inspiriert, und bleibst im gleichen Hamsterrad wie die meisten anderen Menschen.

Das ist nicht wenig, wenn die Alternative darin besteht, nur auf eine Sache zu verzichten – den Alkohol.

Am Ende dieses Buches wirst du hoffentlich selbst sehen, dass Nüchternheit tatsächlich „alles halten kann, was der Alkohol versprochen hat". Auf Alkohol zu verzichten, kann deine unerwartete Abkürzung sein, um gesund, glücklich und finanziell frei zu werden.

Die folgenden Ressourcen sind vielleicht hilfreich für dich:

Kenn dein Limit - eine Kampagne der BZgA:
https://www.kenn-dein-limit.de/

Selbsttest zum Umgang mit Alkohol:
https://www.kenn-dein-limit.de/alkohol-tests/alkohol-selbsttest/

Suchtvorbeugung und Hilfe für Suchtkranke:
https://www.blaues-kreuz.de/de/wege-aus-der-sucht/

Selbsthilfegruppen finden:
https://www.aktionswoche-alkohol.de/schwerpunktthema-2022-sucht-selbsthilfe/sucht-selbsthilfegruppe-finden/

Der Alkohol- und Kalorienzähler von DrinkAware
(engl.): https://www.drinkaware.co.uk/tools/unit-and-calorie-calculator

Tool zur Selbsteinschätzung deines
Alkoholkonsums von DrinkAware (engl.):
https://www.drinkaware.co.uk/tools/self-assessment

Fazit

Leitfaden der staatlichen Gesundheitsorganisation Großbritanniens NHS zum Alkoholmissbrauch (engl.):

https://www.nhs.uk/conditions/alcohol-misuse/

Leitfaden der US-amerikanischen Gesundheitsbehörde CDC zu Alkohol und öffentlicher Gesundheit (engl.):

https://www.cdc.gov/alcohol/faqs.htm

Eine Liste von Selbsthilfegruppen für Alkoholabhängige in den USA (engl.):

https://www.healthline.com/health/alcohol-addiction-support-groups

Suchthilfe der NHS in Großbritannien (engl.):

https://www.nhs.uk/live-well/healthy-body/drug-addiction-getting-help/

Alkoholspezifische Unterstützung in Großbritannien (engl.):

https://www.nhs.uk/live-well/alcohol-support/

Quellen und Zitate

Einleitung

The Guardian. (10. Oktober 2018). Nearly 30% of young people in England do not drink, study finds. Entnommen aus
https://www.theguardian.com/society/2018/oct/10/young-people-drinking-alcohol-study-england

The Economist. (25. Juni 2019). What is the most dangerous drug? Entnommen aus
https://www.economist.com/graphic-detail/2019/06/25/what-is-the-most-dangerous-drug

Kapitel 1

NHS UK. What should my daily intake of calories be? Entnommen aus
https://www.nhs.uk/common-health-questions/food-and-diet/what-should-my-daily-intake-of-calories-be/

Drinkaware. Alcohol and sugar. Entnommen aus https://www.drinkaware.co.uk/facts/health-effects-of-alcohol/effects-on-the-body/alcohol-and-sugar

Fazzino, T.L, Fleming, K, Sher, K, Sullivan, D, Befort, C. (2017). Heavy Drinking in Young Adulthood Increases Risk of Transitioning to Obesity. PMC Journal, 53(2), 169-175. Entnommen aus https://www.ncbi.nlm.nih.gov/pmc/articles/PMC5522652/

Drinkaware. Calories in alcohol. Entnommen aus https://www.drinkaware.co.uk/facts/health-effects-of-alcohol/alcohol-and-calories/calories-in-alcohol

NHS UK. Calories in alcohol. Entnommen aus https://www.nhs.uk/live-well/alcohol-support/calories-in-alcohol/

Drinkaware. Unit and calorie counter. Entnommen aus https://www.drinkaware.co.uk/tools/unit-and-calorie-calculator

Tremblay, A, St-Pierre, S. (1. April 1996). The hyperphagic effect of a high-fat diet and alcohol intake persists after control for energy density. Entnommen aus https://academic.oup.com/ajcn/article/63/4/479/4651176

McDonald's. Big Mac Combo Meal. Entnommen aus https://www.mcdonalds.com/us/en-us/meal/big-mac-meal.html

Parr, E, Carmera, D, Areta, J, Burke, L, Philips, S, Hawley, J, Coffey, V. (2014). Alcohol Ingestion Impairs Maximal Post-Exercise Rates of Myofibrillar Protein Synthesis following a Single Bout of Concurrent Training. Plos One, 10.1371. Entnommen aus https://journals.plos.org/plosone/article?id=10.1371/journal.pone.0088384

Wasylenko, J. 10 Reasons Why Exercise Makes You Happier. Entnommen aus https://www.lifehack.org/articles/lifestyle/10-reasons-why-exercise-makes-you-happier.html

Silver Maple Recovery. Why You Crave Sweets When You Stop Drinking. Entnommen aus https://www.silvermaplerecovery.com/blog/sugar-cravings-after-quitting-alcohol/

WebMD (14. April 2020). How Drinking Alcohol Affects Your Skin. Entnommen aus https://www.webmd.com/mental-health/addiction/ss/slideshow-alcohol-skin

Pan, J., Cen, L., Chen, W., Yu, C., Li, Y., & Shen, Z. (2019). Alcohol Consumption and the Risk of Gastroesophageal Reflux Disease: A Systematic Review and Meta-analysis. Alcohol and alcoholism (Oxford, Oxfordshire), 54(1), 62–69. Entnommen aus https://doi.org/10.1093/alcalc/agy063

NHS UK. Heart Burn and Acid Reflux. Entnommen aus https://www.nhs.uk/conditions/heartburn-and-acid-reflux/

Libbert, L (11. Juni 2021). What alcohol can do to your midlife gut health. Entnommen aus https://www.telegraph.co.uk/health-fitness/body/glass-red-wine-can-good-gut-stick-one/

Recovery Nutrition (25. Juni 2021). How to age well - the gut / inflammation link. Entnommen aus https://www.recovery-nutrition.co.uk/blog/how-to-age-well-the-gut-chronic-inflammation-link

Mind And Body Works. The Gut-Brain Connection: The relationship to emotions and managing stress. Entnommen aus https://mindandbodyworks.com/the-gut-brain-connection-the-relationship-to-emotions-and-managing-stress/

World Health Organization (21. September 2018). Harmful use of alcohol kills more than 3 million people each year, most of them men. Entnommen aus https://www.who.int/news/item/21-09-2018-harmful-use-of-alcohol-kills-more-than-3-million-people-each-year--most-of-them-men

Drinkaware. Alcohol Withdrawal. Entnommen aus https://www.drinkaware.co.uk/facts/health-effects-of-alcohol/mental-health/alcohol-withdrawal-symptoms

CDC. Alcohol Use and Your Health. Entnommen aus https://www.cdc.gov/alcohol/fact-sheets/alcohol-use.htm

Therrien, A (13. April 2018). Regular excess drinking can take years off your life, study finds. Entnommen aus https://www.bbc.co.uk/news/health-43738644

Healthline. Is Alcohol a Stimulant? Entnommen aus https://www.healthline.com/nutrition/is-alcohol-a-stimulant

AddictionCenter. Is Alcohol A Depressant? Entnommen aus https://www.addictioncenter.com/alcohol/is-alcohol-a-depressant/

Buddy T (1. Oktober 2020). Chronic Drinking Increases Cortisol Levels. Entnommen aus https://www.verywellmind.com/heavy-drinking-increases-stress-hormone-63201#

Loria, K (1. Januar 2017). Everything we know about hangovers — and what you can do to make the pain go away. Entnommen aus https://www.businessinsider.com/how-to-fix-cure-deal-with-a-hangover-2016-12?r=US&IR=T

WebMD (13. Dezember 2020). What Is Cortisol? Entnommen aus https://www.webmd.com/a-to-z-guides/what-is-cortisol

Hayes, A (29. August 2018). How stress sabotages muscle building and weightloss goals. Entnommen aus https://www.menshealth.com/uk/health/a759406/how-stress-sabotages-muscle-building-and-weight-loss-goals/

DeNoon, D (28. August 2006). Fog of Alcoholism Clears With Sobriety. Entnommen aus https://www.webmd.com/mental-health/addiction/news/20060828/fog-alcoholism-clears-sobriety

Masterson, L (10. Februar 2022). Drunk Driving Statistics 2022. Entnommen aus https://www.forbes.com/advisor/car-insurance/drunk-driving-statistics/

Kapitel 2

Calic, N (27. Januar 2022). Debt Statistics UK Edition [2022]. Entnommen aus https://cybercrew.uk/blog/debt-statistics-uk/

The Calculator Site. Compound Interest Calculator. Entnommen aus https://www.thecalculatorsite.com/finance/calculators/compoundinterestcalculator.php

Kapitel 3

NHS. Alcohol Misuse - Risks. Entnommen aus
https://www.nhs.uk/conditions/alcohol-misuse/risks/

Iliades, C (4. Januar 2012). Why Boozing Can Be Bad for Your Sex Life. Entnommen aus
https://www.everydayhealth.com/erectile-dysfunction/why-boozing-can-be-bad-for-your-sex-life.aspx

Healthline. Why Am I Dry Down There All of A Sudden? Entnommen aus
https://www.healthline.com/health/why-am-i-dry-down-there-all-of-a-sudden

Drinkaware. Is alcohol harming your fertility? Entnommen aus
https://www.drinkaware.co.uk/facts/health-effects-of-alcohol/alcohol-fertility-and-pregnancy/is-alcohol-harming-your-fertility

MentalHelp.net. What Happens to Children of Alcoholic Parents? Entnommen aus https://www.mentalhelp.net/parenting/what-happens-to-children-of-alcoholic-parents/

Kapitel 5

Oxford Languages. Spirituality Dictionary Definition. Entnommen aus https://www.google.com/search?q=spirituality+dictionary+definition

Alcoholics Anonymous. Frequently Asked Questions. Entnommen aus https://www.alcoholics-anonymous.org.uk/professionals/frequently-asked-questions

American Osteopathic Association. The Benefits of Yoga. Entnommen aus https://osteopathic.org/what-is-osteopathic-medicine/benefits-of-yoga/

The Good Body (14. Januar 2022). 41 Yoga Statistics: Discover Its (Ever-increasing) Popularity. Entnommen aus https://www.thegoodbody.com/yoga-statistics/

FinancesOnline. 50 Essential Meditation Statistics for 2022: Benefits, Technology & Practice Data. Entnommen aus https://financesonline.com/meditation-statistics/

The Good Body (13. Januar 2022). 27 Meditation Statistics: Data and Trends Revealed for 2022. Entnommen aus https://www.thegoodbody.com/meditation-statistics

Kapitel 6

IWSR. No- and Low-Alcohol in Key Global Markets Reaches Almost US$10 Billion in Value. Entnommen aus https://www.theiwsr.com/no-and-low-alcohol-in-key-global-markets-reaches-almost-us10-billion-in-value/

Kapitel 7

Clifton, J (13. Juni 2017). The World's Broken Workplace. Entnommen aus https://news.gallup.com/opinion/chairman/2120 45/world-broken-workplace.aspx

Renewal Lodge (14. August 2017). 5 Ways Quitting Drinking Affects Your Brain. Entnommen aus https://www.renewallodge.com/5-ways-quitting-drinking-affects-your-brain/

Gov.UK (29. November 2021). Self-employment. Entnommen aus https://www.ethnicity-facts-figures.service.gov.uk/work-pay-and-benefits/employment/self-employment/

Vista (15. Januar 2018). Expectations vs. reality: what's it really like to go it alone?. Entnommen aus https://news.vistaprint.com/expectations-vs-reality

Kapitel 8

Roberts, J (5. Dezember 2018). One in 10 people fired or disciplined for Christmas party mayhem. Entnommen aus https://metro.co.uk/2018/12/05/one-10-people-fired-disciplined-christmas-party-mayhem-8210628/

NIH National Institute on Alcohol Abuse and Alcoholism (März 2022). Alcohol Facts and Statistics. Entnommen aus https://www.niaaa.nih.gov/publications/brochures-and-fact-sheets/alcohol-facts-and-statistics

Milton Keynes UK
Ingram Content Group UK Ltd.
UKHW012021041023
429970UK00003B/22

9 781916 512009